知识产权及其文化教育实践活动研究

王京阳　唐晔楠◎著

中国出版集团　现代出版社

图书在版编目（CIP）数据

知识产权及其文化教育实践活动研究 / 王京阳，唐晔楠著. -- 北京：现代出版社，2023.12
ISBN 978-7-5231-0692-1

Ⅰ．①知… Ⅱ．①王… ②唐… Ⅲ. ①知识产权法－研究－中国 Ⅳ. ①D923.4

中国国家版本馆CIP数据核字(2023)第235538号

著　者	王京阳　唐晔楠
责任编辑	邓　翃

出 版 人	乔先彪
出版发行	现代出版社
地　　址	北京市安定门外安华里504号
邮政编码	100011
电　　话	(010) 64267325
传　　真	(010) 64245264
网　　址	www.1980xd.com
印　　刷	北京四海锦诚印刷技术有限公司
开　　本	787mm×1092mm　1/16
印　　张	11.25
字　　数	216千字
版　　次	2023年12月第1版　2023年12月第1次印刷
书　　号	ISBN 978-7-5231-0692-1
定　　价	68.00元

前　言

知识产权作为当今全球经济和创新领域的关键要素，在促进技术创新、文化创意和商业竞争中扮演着不可或缺的角色。知识产权涵盖了各种形式的创造性和创新性成果，这些成果不仅代表着知识的创造和分享，还在一定程度上决定了一个国家或组织的竞争力和经济繁荣。随着知识产权的复杂性和重要性不断增强，对知识产权文化素养的需求也日益紧迫。知识产权文化教育的目的不仅在于普及知识产权的基本概念，更在于塑造一种尊重创作者和创新者努力的文化，它为人们提供了了解知识产权如何影响他们的生活、职业和社会的机会。从学校到企业，再到政府机构，都应该致力于提供知识产权教育，以确保每个人都能够理解和尊重知识产权的价值。

鉴于此，本书以"知识产权及其文化教育实践活动研究"为题，首先，阐述知识产权的理论、实务、权利配置、新业态知识产权保护；其次，分析知识产权主客体及构成条件、知识产权的著作权、专利权与商标权；再次，探讨基于企业技术创新的专利战略、基于创新环境的知识产权保护、基于创新体系的知识产权管理；最后，研究知识产权文化教育的建设、知识产权文化教育实践活动。

本书层次分明、结构清晰，注重理论性、科学性、实用性，通过提高个体和组织对知识产权的认识和理解，可以更好地保护创新成果，鼓励创业活动，推动社会和经济的可持续发展；可以普及知识产权的政策与实践，清晰地阐明文化教育实践活动的重要性，并从中汲取经验，推动社会进步，培育创新人才，为知识产权领域的改革与发展提供借鉴。

在创作本书过程中，笔者得到了许多专家学者的尽心指导与鼎力支持，在此表示真挚的谢意。由于书中涵盖的内容较多，篇幅有限，时间仓促以及笔者的视野局限性，尽管主观上尽了最大努力，但书中所涉及的内容难免有疏漏之处，希望各位读者提出宝贵意见，以便笔者进一步修改，从而使本书更加完善。

王京阳　唐晔楠

目　录

第一章　知识产权概论

第一节　知识产权的理论审视

一、知识产权的含义

"知识产权"这个概念并非源于我国，而是译自外文。在英语中，通常表示为Intellectual Property（简称IP）或者Intellectual Property Right（简称IPR）。从词义而言，IP更多地在财产意义上使用，可以称为"知识财产"，而IPR则更多地在权利意义上使用。但在国内外文献中，除极其严谨的场合和特别必要，一般没有严格区分二者，通常将IP和"知识产权"互译。知识产权是指基于创造性智力成果和商业化标记及其他信息依法产生的权利的统称。这一定义体现了以下特点：①知识产权是一类权利的统称而非指单个权利。知识产权包括著作权、专利权、商标权等许多权利，是这些权利的上位概念，而不能等同于著作权甚至更下位的权利，如署名权等具体权利。②知识产权是"依法产生"的权利。此点强调知识产权是一种法定权利而非"天赋"即自然取得的权利，强调了哪些对象受法律保护，是一种政策的选择。③知识产权的对象本质上是一种信息，其典型表现有智力成果和商业化标记。

二、知识产权的特征

知识产权的特征主要包括以下几个方面。

（一）知识产权的信息对象

权利的对象就是权利所依托的事物。物权的对象是物，物是存在于人身之外，占有一定空间，能够为人力所支配并且能够满足人类某种需要，具有稀缺性的物质实体；人身权的对象是人身利益，而债权的对象是在特定主体的给付。

从信息学的角度而言，信息是指适于用通信、存贮或处理的形式表示的情报或知识；

从控制论的角度而言，信息不仅是信号所承载的一种不变结构（同型结构），还是具有特定意义的不变结构。作为知识产权对象的信息，不可能仅是一种客观存在的频率、符号等，而且必须还有这些频率、符号在特定环境中对特定主体而言的意义，因此是控制论意义上的信息，即具有"同型结构+意义"的双重结构存在。例如，李白的诗中写道"床前明月光，疑是地上霜"，同型结构就是这一句诗的十个字（符号），任何人看到的都是这十个字。然而，对于不认识汉字的人而言，它就是一串符号；而对于认识汉字且理解每个字的意义的人而言，它会是一个场景：月光如白霜洒进窗户照在床前。符号意义使这十个字成了文字作品。然而，如果是某书法家将这十个字用具有美感的特殊字体（如狂草）写出来，这十个字就成了特定字体的十个字（同型结构），而其意义在于通过字体体现了这十个字的美，对于不认识这种字体的人而言，也不再产生前述的场景联想，他/她获得的是对字体美的享受（也可能有相反的感觉）。这时，这十个字就成了美术作品，这就是信息变化的结果。目前，法律实务界和理论界基本认可的知识产权对象，本质上符合信息的特征。信息具有以下五个方面的特征。

1. 非物质性

信息不同于物质本身，它是物质属性的反映与表征，因此没有物理实体存在，不具有任何物理特性（颜色、气味、状态、融化、凝固、升华、挥发、熔点、沸点、硬度、导电性、导热性、延展性等），也不具有任何化学特征（酸性、碱性、氧化性、还原性、热稳定性、放射与衰变等）或者生物特征（繁殖、遗传与进化等）。

2. 可复制性

复制就是信息的再现。信息可以被固定在多种载体上，尽管载体不同，但信息却相同，存在于第一个载体上的信息可以称为原信息，而存在于此外载体上的信息则为复制的信息。例如，当《清明上河图》这幅画被首次画于纸上时，人们看到以线条、颜色为基本表达手段，由许多建筑、人物、动物、植物图案组成的街景；当它被现代技术扫描进入计算机后，人们看到的还是那些线条、颜色描绘的由建筑、人物、动物、植物图案组成的街景，《清明上河图》的信息再现了。信息只有在其组成要素损耗的情况下才会发生损耗，一般的复制不会导致信息损耗。

3. 独立性

"就信息和载体（承载信息的物质）的关系而言，虽然信息需要依托载体得以存储和表现，但信息是独立于其载体的存在"①。存贮有某种信息的载体（如光盘），可以仅作为一个物而存在，而脱离了某种载体的信息，也可以其他形式存在于其他载体上。信息可能与载体完全无关（如文字作品与纸张），也可能是对载体的描述（如专利方案与专利产品），但不是载体本身。

4. 可共享性

信息可以被多个主体同时以完全相同的方式利用而不会相互影响，这就是信息的可共享性。信息的可共享性是其与物的显著区别。一个物不可能被多个主体同时以完全相同的方式利用而相互不影响，一个物在特定时间段被一个主体以某种方式利用，其他主体就不可以这种方式利用，除非他们对物的不同部分进行利用。但作为知识产权对象的信息可以在同一时间段被多个主体以完全相同的方式利用。例如，专利方案，甲在 A 地依照专利方案制造某件产品，而乙完全可以同时在 B 地依照专利方案制造相同的产品；而若是丙的机械设备正被丙用于某地收割水稻，丁就不可能同时利用丙的那台机械设备于异地收割水稻。

5. 可传递性

传递就是信息从信源（信息发出者）传达到信宿（信息接收者）的过程。只要条件适合，信息可以从一个信源发出，同时被多个信宿接收。甚至可以在信宿接收以后，自己作为信源再次向别的信宿发出信息。信息传递的基础是信息的可复制性，经过传递，在信宿那里产生了信源信息的复制信息。同样以《清明上河图》为例，当该画被扫描进入计算机以后，即产生了该画的复制件，而该复制件完全可以通过网络或其他设备传到其他存储设备上。

（二）知识产权的法定专有

知识产权的法定专有是指知识产权人依法享有对知识产权对象的控制、利用、收益和处分权能，非经知识产权人许可或者法律特别规定，他人不得实施受知识产权专有权利控制的行为。知识产权的专有性是法律规定的，知识产权的专有性使得未经知识产权人许可情况下社会公众对信息的支配成为非法，若是社会公众在法律没有规定的情况下轻易成为侵权人，显然是不合理的。因此，法律按权利对象不同分门别类详细规定了知识产权的对象、取得、内容及期限等，从而使社会公众明确自己行为的边界。因为信息具有可共享性，故权利人不可能如物权人那样通过对对象进行排他性控制来达到独享对象法益的目

---

① 王洪友. 知识产权理论与实务 ［M］. 北京：知识产权出版社，2016：6.

的，而只能由法律在权利配置上赋予权利人对信息法益的垄断性支配来保护权利人的利益。

（三）知识产权的异域共存

知识产权的异域共存是指基于同一对象可以同时在不同的法域存在相同的知识产权，受到不同的法律独立调整。因为信息具有可传递性和可共享性，因此知识产权的对象可以同时存在于不同的国家或地区，但不同的国家或地区的法律政策不同，对同一信息是否保护以及保护程度都会不同。地域性观点强调知识产权保护的国别差异性，这点其实在其他民事权利如物权中也存在，并非知识产权所独有。关于哪些物可以成为物权的对象，在各国都是不尽相同的。在许多国家土地可以成为个人所有的对象，而目前在中国土地只能成为国家所有和集体所有的对象，不能成为个人所有的对象。知识产权区别于物权的重要之处不在于它是否只在其依法产生的地域内有效，而在于它是否可以同时在不同法域有效。例如，专利方案，可依中国法取得专利，也可依美国法取得专利，在特定时间内，二者完全并存而互不冲突。但若某对象为物如不动产，位于中国境内依据中国法享有所有权，却不可同时依据美国法在美国享有所有权。

第二节　知识产权的实务分析

一、知识产权实务的内涵

知识产权实务是指与知识产权的取得、行使、保护等相关的实际工作和过程，其范围包括知识产权行政管理实务、知识产权司法实务、知识产权法律服务实务和企业知识产权管理实务等诸多方面。知识产权实务是对知识产权理论的运用和实践。知识产权实务能力只能随着实务工作经验的增长而增长。处理知识产权实务工作必须依法进行，我国的知识产权法律渊源是由法律、行政法规与规章以及相关司法解释构成的完整体系，掌握这些法律渊源是熟练处理知识产权实务工作的基础。

（一）知识产权的法律实务

知识产权法律实务是指以知识产权法律服务为主要内容的实务，主要包括以下三个方面。

1. 知识产权行政管理实务

知识产权行政管理实务是指知识产权行政管理部门依法从事与知识产权相关的行政管理工作，包括登记工作和处罚侵权行为等。根据法律法规，知识产权行政管理实务主要包括以下四方面。

（1）登记，即对知识产权取得、变更、消灭等进行相应的注册受理、异议处理、注册登记、撤销登记、注销登记等工作，包括对作品著作权备案登记、作品质押登记、专利授权登记、专利转让登记、商标取得登记、商标许可备案登记、植物新品种权取得登记等。行政机关的登记，有些是登记才能生效的，如专利权的取得、商标权的取得等；有些只是登记备案，不登记并不影响其相应的行为效力。在此种情况下，登记有时作为享有权利的首要证据，有时只是对抗第三人的条件。即在有备案登记的情况下，第三人不能以不知道权利状态为由进行抗辩，而在没有备案登记的情况下，第三人除非明知，否则以不知道权利状态已经发生改变进行抗辩，可以成功对抗在先的知识产权受让人或被许可人。例如，作品著作权备案登记，就实行自愿登记原则，不登记不影响著作权取得。专利转让和商标转让也实行备案登记制度，不登记不能对抗善意第三人。

（2）责令停止侵权，即向侵害知识产权并且同时损害公共利益、破坏国家正常经济秩序的侵权人发出行政执法通知，要求侵权人立即停止实施其侵害知识产权人权利的行为。

（3）没收，没收指国家行政机关将侵权人的违法所得或侵权物品无偿收归国有。没收包括两个方面：一是没收非法所得，即将其从侵权行为中获得的非法利益（利润），全部收归国家财政；二是没收侵权物品或主要生产设备，即没收侵权复制品、侵权产品，或者没收主要用于制作或制造生产侵权物品的材料、工具、设备等。主要用于制作或者制造生产侵权物品是指某些材料、工具、设备，除用于制作或制造生产侵权物品，几乎没有别的用途。对于这类物品，如果不予收缴，侵权人有可能会继续实施侵权行为。没收应当依法出具相关手续，遵守行政执法的各项原则和具体规定。对于没收的侵权物品或者主要生产设备，根据情况可予以变卖或销毁。

（4）罚款，即对侵权人发出罚款通知，要求侵权人在指定的时间到相关部门缴付一定数额的货币。行政罚款有助于加大对知识产权侵权行为的惩罚力度，进一步遏制知识产权侵权行为，更好地保护知识产权人的合法权益，维护市场秩序和社会公共利益。

2. 知识产权司法实务

知识产权司法实务是指与知识产权相关的审判、检察等工作，主要包括人民法院审理知识产权纠纷案件，人民检察院公诉、监督、抗诉知识产权犯罪案件等。

3. 知识产权法律服务实务

知识产权法律服务实务指向当事人提供与知识产权相关的专业法律服务工作，主要包括知识产权法律咨询（如知识产权风险评估咨询等）、知识产权法律文书（如许可或转让合同）的撰写和知识产权业务代理（如专利代理、商标代理或诉讼代理、仲裁代理等）。

（二）企业知识产权的管理实务

知识产权管理是指以法律规定为依据，以知识产权为对象，综合运用法律、技术、经济等方法所实施的有计划的规划、组织、协调和利用活动。知识产权管理具有合法性、市场性、动态性、文化性和国际性等特征。知识产权管理实务包括企业知识产权管理实务和知识产权行政管理实务。

企业知识产权管理是对企业所拥有的知识产权进行的综合性管理和系统化谋划的活动。企业知识产权管理包括企业对知识产权获取、应用、规划、维护等方面的管理工作。在知识经济时代，知识产权是重要的财富资源，企业知识产权管理将成为提升企业效益的重要内容。企业知识产权管理实务既有管理工作方面的特征，也有法律工作方面的特征，本质上还是对知识产权法律法规的应用。

二、知识产权实务的法律依据

（一）知识产权实务的法律地位

处理知识产权实务需要依据诸多法律，知识产权法专指调整知识产权法律关系的法律规范的总称。从知识产权法的调整对象而言，知识产权法律关系是平等主体间关于信息的支配与控制及相关利益分配而产生的财产关系，故属于民事法律关系的一种。虽然知识产权法中往往也规定知识产权的法定取得程序等本属公法性质的制度，其中涉及国家行政机关与行政相对人的关系，但这不是知识产权制度的主体，故不影响知识产权法的私法性质。

（二）知识产权实务的制度功能

知识产权实务的制度功能是指知识产权法律对社会能够产生的作用。对此，从不同的角度有不同的认识。知识产权法正如其他法律制度一样，应该是公平正义的分配机制，是社会利益的平衡器。知识产权制度功能具体体现在以下三个方面。

第一，保障信息权利人的合法权益，调动社会个体的创造积极性。创造力是人类特有的能力，创新也是社会前进的动力。创造性信息是知识产权的主要对象，保护这些创造性信息既有助于为创造者提供持续创造的物质保障，也有助于鼓励其他人积极进行创新。

第二，规范信息的运用，促进信息产出经济效益和社会效益。社会是一张复杂的信息网，如何更好地发挥信息的最大功能，促进信息的正常交流与利用，是知识产权法的重要使命。知识产权法律制度能够鼓励信息及时公开，并被社会公众有序利用，从而促进信息产出经济效益和社会效益。

第三，协调信息权利人和社会之间的利益冲突。信息权利人对信息享有专有权，并希望从信息的利用者那里获得物质回报，而社会又需要从信息中廉价甚至免费分享利益，这二者间存在矛盾。知识产权制度基于利益平衡思想，在赋予信息权利人专有权的同时，通过权利限制、时间性规定等制度设计，能够较好地协调二者之间的矛盾。

第三节　知识产权的权利配置

一、知识产权权利配置的分类

"知识产权权利人所享有的权利是指依法享有法定权利，即权利主体依法享有为或不为，或要求他人为或者不为一定行为的资格。"[①] 可以根据不同的标准分为不同类型的权利。根据知识产权内容的大小，分为广义的知识产权和狭义的知识产权；根据权利产生的原因分为主权利、从权利；根据权利中有无财产内容分为人身权、财产权、其他权利；根据权利产生的法律依据，可分为法定权利、推定权利；根据权利的类型可分为专利权、商标权、版权、其他知识产权；根据权利的渊源，可以分为民事权利、行政权力、刑事权利。

（一）根据知识产权的基本权利内容分类

1. 知识产权中的精神权利

（1）知识产权中的精神权的概念。知识产权中的精神权或人身权，主要指与知识产权主体人身权相关的、与财产内容无关的权利。对知识产权中精神权利的肯定，有益于发明创造者、标志性成果的使用者、作品创作者的人身价值认同，起到了精神激励的作用。

---

① 蒋言斌. 知识产权：原理规则与案例 [M]. 长沙：中南大学出版社，2016：173.

（2）知识产权中的精神权的内容。知识产权中的精神权的具体形态、内容，可以根据知识产品的不同有所区别，主要包含以下三方面。

第一，专利的精神权表现为身份权。具体内容有：①标示权，即专利权人有权在其产品上表明自己专利身份的权利，没有专利精神权而在产品上标明是专利产品的，属于假冒专利行为；②平行进口权，就是专利权人有权禁止未经专利权人许可而从国外进口相同或相似专利产品的行为，获得专利权人许可而取得进口权，体现了专利权人的主体身份。

第二，商标专用权的精神权。商标专用权的精神权有两种权能：①标示权，标示权既是一种权利也是一种义务。商标权人有权在自己的商品上使用注册商标以示区别，但同时必须按照《中华人民共和国商标法》的规定在商品上使用注册商标的标志或文字。②续展权，即商标权人决定该注册商标是否需要继续存在或者放弃的权利。续展权是一种身份权，只有特定的人——商标权人才享有的一种权利。

第三，著作权的人身权。由于作品是作者人格的延伸，所以著作权最能体现人身权的权能。除了作者的身份权，还有作者的人格权，具体而言：①发表权，即决定作品是否公之于众的权利，就是著作权人决定作品是否公之于众，以及何时、何地、以何种方式公之于众的权利；②署名权，即表明作者身份，在作品上署名的权利，就是著作权人决定署真名、假名、笔名、艺名、匿名的权利；③修改权，即修改或者授权他人修改作品的权利；④保护作品完整权，即保护作品不被歪曲、篡改的权利。

2. 知识产权中的财产权利

（1）知识产权中的财产权的概念。知识产权中的财产权就是与人身无关、没有人身内容的权利。财产权就是使用权和获得报酬权。著作权的经济权利是指进行复制、广播、公开表演、改编、翻译、公开朗诵、公开陈列、发行等使用权和获酬权。工业产权的经济权就是许可、转让的获酬权。在国际上，《保护文学和艺术作品伯尔尼公约》授予了作者以经济权和精神权。

（2）知识产权中的财产权的内容。知识产权中的财产权的内容主要是专有使用权、转让权、许可权，并由此产生的经济利益。财产权是知识产权中重要的权能，它能形成产权激励，是知识产权制度中的重要动力之一。

3. 知识产权中的其他权利

（1）知识产权中的赠予权。知识产权中的赠予权是知识产权权利人按照合法的程序将知识产权的财产权赠予他人的权利。赠予权是重要的民事权利之一。

（2）著作权中的追续权。著作权中的追续权是作品卖出后再次转让，原创者（著作权人）分享第二次转让中一定比例的增值价值。设置著作权的追续权，能更好地保护著作权人的创造原动力，激发其创作的热情。

（二）根据知识产权法定权利内容分类

知识产权权利体系在学理上根据不同的标准有不同的分类。可以根据权利客体（广义的知识产权种类）来分类，也可以根据知识产权权利行使方式（狭义的知识产权种类）来分类。

二、知识产权的权利内容

（一）知识产权的基本权利内容

1. 知识产权的禁止权

（1）知识产权的禁止权的概念。知识产权的禁止权是指知识产权权利主体有权通过行政和司法双重途径禁止他人未经许可使用权利人知识产权的侵权行为，法律另有规定的除外。

（2）知识产权的禁止权的内容。知识产权的禁止权包括诉权和请求权。当知识产权权利人得知自己的权利受到侵害时，可以通过司法途径提出诉讼，也可以请求知识产权行政管理机关查处，禁止他人侵害其合法的权利。

2. 知识产权的许可权

（1）知识产权许可和知识产权的许可权的概念。知识产权许可就是知识产权权利人许可他人使用知识产权的一种承诺。知识产权的许可权是知识产权中的一种权利，即知识产权权利人依法许可他人使用知识产权的一种资格。许可使用是知识产权实施最为常用的一种方式。由于许可就是向他人发放一种许可证明，故又称许可使用为许可证贸易。知识产权是一种独占权，具有排他性，任何单位或者个人，没有得到知识产权人许可，都不得为生产经营的目的使用。

许可的特点主要包括：①许可是使用权的转移，知识产权许可贸易标的物是无形财产，即已经获得的法权，知识产权人所授予的是作为无形财产的使用权，而不是所有权的转让，所有权仍归知识产权人；②许可是有限制的许可，这种许可大多有限制，被许可人只能按照许可合同的规定，在有限的时间、地点、范围内以一定的方式使用知识产权，而不能超越许可合同的范围；③必须签订书面许可合同，知识产权许可是一种复杂的民事法律行为，涉及各方面的利益，需要慎重从事，应有字为凭，有约可依，许可人和被许可人严格按照合同约定，履行各自的职责和义务；④被许可人应支付许可使用费，支付使用费对知识产权人是产品创造性劳动的一种肯定，是对知识产权人劳动付出的一种合理补偿，被许可人仅有使用权，无特别的约定，被许可方无权向第三方实施。

（2）知识产权许可的种类。知识产权是一种无形的财产权，它因无形而不占据空间，又可以为很多人同时使用。为了保护知识产权人与被许可人的合法权益，需要通过签订许可合同的办法，来约定双方权益的范围。

3. 知识产权的转让权

（1）知识产权的转让权的概念。知识产权的转让是指知识产权主体发生变更，所有权发生转移，是指通过合法手续，有条件地发生所有权的转移。一般转让的原因有两种：①知识产权权利人自愿转让而发生的，如买卖、赠予、交换；②因法定原因而发生的，如知识产权权利人死亡或失去存在而发生。知识产权权利主体是自然人时，一旦死亡，其知识产权就依继承法的规定或按遗嘱转移给有权继承的人。专利人是单位或企业，由于变更、合并或解散，其专利权也依法转移给有权承受其权利义务的单位或企业。

需要注意的问题是：①转让是所有权的转让，转让后，原权利人即失去了专有权，受让人成为新的知识产权所有人，这与许可有区别。②中国单位的所有权转让问题。权利人是个人或集体的，转让行为由自己决定，全民所有制单位转让知识产权必须经上级主管机关批准；中国单位或个人向外国人转让专利的，须报上级主管机关转国务院主管部门批准。③以书面合同方式实现知识产权的转让。《中华人民共和国商标法》《中华人民共和国版权法》《中华人民共和国专利法》等明确了知识产权转让的法定转让形式是书面合同——以书面合同形式转让其知识产权并支付约定的价款，口头约定不能成立。④履行知识产权转让手续。知识产权转让，要履行一定的手续，出让人和受让人订立书面合同，经专利局登记和公告后才能生效。经专利局公告，是指专利局根据双方当事人的请求，将知识产权的转让，以及由此引起的所有权变更、权利主体变换的事实公告于专利局定期出版的专利公告上，以便让公众知晓。

（2）知识产权的转让权的内容。知识产权的转让权的内容包括除人身权以外的所有权利。一旦权利转让，原知识产权主体资格灭失。

4. 知识产权的标记权

（1）知识产权的标记权的概念。知识产权的标记权就是知识产权主体在自己的产品上标明身份、权利种类等资格。例如，《中华人民共和国专利法》第十五条规定：专利权人有权在其专利产品或者该产品的包装上标明专利标记和专利号;《中华人民共和国商标法》第九条规定:申请注册的商标,应当有显著特征,便于识别,并不得与他人在先取得的合法权利相冲突。商标注册人有权标明"注册商标"或者注册标记。根据《最高人民检察院关于加强对假冒商标犯罪案件查处工作的通知》《专利管理机关查处冒充专利行为规定》等规定,知识产权的标记权是知识产权人的一种重要的身份权,任何假冒、冒充行为都是被禁止的行为。

(2)知识产权的标记权的内容。知识产权的标记权根据知识产权的种类分为以下三方面。

第一,专利的标记权。《专利管理机关查处冒充专利行为规定》第二条规定:冒充专利行为是指任何单位或者个人为了生产经营目的将非专利产品冒充专利产品或者将非专利方法冒充专利方法的行为。反过来,说明专利权人具有上述标记权。

第二,商标的标记权。商标的标记权是指商标权人在商品、商品包装、说明书或者其他附着物上标明"注册商标"或"注册标记"的资格。由于商标本身就是具有显著性的标志,因此,商标的标记权是商标权的核心内容,任何假冒、冒充的行为都是对商标标记权的侵害。

第三,版权的标记权。版权的标记权是指作者在其作品上表明自己身份的资格。版权的标记权(如作者的署名),将直接涉及作品的归属,所以,版权的标记权更为重要。

5. 知识产权的专有使用权

(1)知识产权的专有使用权的概念。知识产权的专有使用权指知识产权权利人自己使用的具有垄断性地位的法权。专有使用权有两层含义,即"专有""使用"。"专有"指权利主体的特定性和垄断排他性。一般而言,专有指具有法定资格的权利主体(如专利权人、商标专用权人、版权人),非权利人不能"专有"。"使用"是指权利的实施方式即权利实现的途径。

(2)知识产权的专有使用权的内容。知识产权的专有使用权的内容包括:专利专有使用权、注册商标专有使用权、版权专有使用权。外观设计专利权被授予后,任何单位或者个人未经专利权人许可,都不得实施其专利,即不得以生产经营为目的制造、销售、进口其外观设计专利产品。因此,专利专有使用权包括:生产制造用、使用、销售、许诺销售权、进口权等。

（二）知识产权的专有权利内容

1. 商标权的续展权

商标权的续展权指商标注册人在注册商标保护期届满前6个月或期满后6个月宽限期内，只要商标权人愿意，可以向国家商标局请求商标续展的请求权。由于商标凝固了企业的追求，是一种价值载体，是企业文化的一个重要内容，所以，一般的企业都会精心培养自己的商标品牌，通过商标续展的方式使商标的垄断地位继续保持。

2. 专利的平行进口权

专利的平行进口权指专利权人有权禁止他人未经专利权人许可进口与专利产品相同或相似的产品，或以专利方法直接获得的专利产品的资格。专利的平行进口权是专利权人身份权的一个重要内容，是《中华人民共和国专利法》修改后设置的一种权利。

3. 著作权的邻接权

著作权的邻接权是基于作品传播过程所产生的权利。邻接权保护的是传播者在传播作品时的创造性劳动，是从属于著作权系统中的一个子系统。

（1）表演者权是表演者对其文学、音乐、戏剧、舞蹈、曲艺等作品的艺术表演依法享有的专有权利。表演者是指演员、歌唱家、音乐家、舞蹈家和表演、歌唱、演说、朗诵、演奏或以别的方式表演文学或艺术作品的其他人员；表演指自己或者借助技术设备公开再现受《中华人民共和国著作权法》保护的作品。无论表演有无营利目的，只要是公开的，都属于《中华人民共和国著作权法》所指的表演。

表演的形式分为两种：第一种指演唱歌曲、演奏乐曲、上演剧本或朗诵诗词等形式的现场公开表演；第二种指借助技术设备公开播送、放映录音或音像制品等形式的公开表演，也称机械表演。以机械表演的形式公开表演受著作权保护的作品，使用者应该事先取得著作权人或者著作权集体管理机构的许可，并且支付相应的报酬。著作权人或著作权集体管理机构无正当理由不得拒绝许可使用。著作权集体管理机构发放许可使用收费标准应当报国家版权局批准。

（2）出版者权即指出版者与著作权人通过合同约定或经著作权人许可，在一定期限内，对其出版的图书、报纸和杂志的版式、装帧设计所享有的权利，主要包含以下五个方面。

第一，专有出版权是指出版者在合同约定期间享有的以同种文字原版、修订版和缩印本的方式出版图书的独占权。为了向一些人进一步发行、公演或公开展出而提供发行复制件或录音制品，这构成出版。公演或公开展出的作品不构成出版。专有出版权是指制作版权作品不同版本的权利，包括专用印刷权、专有复制权和专有销售权等。

第二，专有使用权指出版者对其出版的图书、报纸、杂志的版式、装帧设计享有专用使用权。版式即书刊排版的式样，如版面、版心大小、位置、排式、书眉、白边、页码、行距、标题、字体、插图大小格式的安排等。装帧设计包括技术设计和美术设计。优秀的装帧设计，凝结了出版者的智力创造性劳动，使书刊具有艺术欣赏价值，故享有专有使用权。

第三，修改权即出版者对采编作品编辑加工的权利。编辑人员对作品进行检查、修饰、修改以达到"齐"（文稿、图稿及附件齐全无缺）、"清"（文稿、图稿等缮写、描绘清晰，符合排印要求）、"定"（内容确定，发排后无改动）的要求。

第四，专有刊载权是指出版者在其出版物上刊载合法内容的权利。

第五，版本权指出版者对其出版物的版本所享有的专有权利。

（3）音像制作权指录音、录像制作者对其制作的制品所享有的专有权，它可能是从原作，或可能从表演者权派生出来的权利，主要包含以下两方面：①专有使用权即音像制品作者享有排他的专有使用、销售、复制作品的权利，并享有许可他人复制、发行的权利。"发行"是指向公众提供适当数量的某种唱片的复制品。②收益权即以营业为目的的复录制作品的权利，这不仅需要得到制作权人许可，而且还需支付报酬。

（4）广播电视组织权指广播电视组织（包括无线电台、电视台或控制它们的广播公司）对其制作的广播电视节目，依法享有许可或禁止他人进行营利性传播、录制和复制的权利，以及因授权许可他人传播、复制发行而获得报酬的权利。主要包括：①收益权指广播电视组织者播放、许可他人播放、许可他人复制其制作的广播、电影、电视节目而获得报酬的权利。广播电视组织是依照国家有关法律建立的各类传播企业，如广播电台、电视台、卫星节目发射台等以及具有播放节目功能的传播公司。②专有使用权指广播电视组织者通过播放、许可他人播放、许可他人复制的专用权利，广播电视组织者使用他人未发表的作品制作广播、电视节目应当取得著作权人的许可，并支付报酬。

第四节　新业态知识产权保护

在新业态下，技术、概念、模式不断发生着创新性的改变。与此同时，侵害创新成果的行为也在不断创新。新业态的产品和服务的内容相比于传统模式又增加了很多，更加容易侵犯他人的专利权、商标权、著作权等，使得新业态新领域侵犯知识产权风险日益增加，国家应进一步"加快构建完善新业态知识产权保护政策法规体系，奠定新业态经济高质量发展基础"①。

一、新业态的内涵分析

新业态的内涵主要包括以下三个方面。

第一，新产业、新发展。"互联网+"是新兴经济的重要组成部分，它推动了通信、社交、金融、制造等诸多产业的发展。目前，电子商务、智能制造等新型业态已形成，技术和业态创新促进了经济的全面提升和集约高质发展。

第二，新业态、新动能。新业态是推动产业迈向中高端的强大动力。从产业发展的客观规律而言，每个产业都要经历"初创、成长、成熟、衰退"的演变进程，而新老商业模式转换，能够保持产业的活力，实现产业的螺旋式增长。只有在新业态的基础上，才能更好地满足新的需要，更好地满足新的需求，更好地占领产业链的中上游，从而提高行业的竞争力，甚至是地区的竞争力。

第三，新模式、新方向。"互联网+"的实施，使各行各业出现了新的经营模式。例如，在大数据方面，自从进入了移动互联时代，数据就渗透了各行各业，并逐渐成为经济和社会发展的新元素。围绕大数据，新的商业模式将从两个方向发展起来：一是发展和运用大数据；二是物联网和智能终端。在各种智能终端的迅速发展下，以物联网为中心的新型体系结构，催生了一批新型的商业模式。今后将围绕大数据产业，把数据链做大做强，加速大数据开发、应用、云服务等，不断提升信息化水平，推进信息化和工业化深度融合。

二、新业态知识产权保护的新问题和新挑战

随着互联网、大数据、云计算等新技术、新业态、新模式的不断涌现，如何强化知识产权的保护，是当今世界各国共同面对的新问题和新挑战。

第一，在创新领域强化对知识产权的保护要求越来越高。在新的商业模式下，技术、观念、模式不断发生变革。新业态是传统行业组织模式的一种新形式，它是在新技术、新推广、新消费需求的出现以及新规则的改变等诸多因素的综合作用下，催生出的新产品、新商业流程、新服务模式等新业态，如 PC 端、手机端等。与传统的商业模式相比，新商

---

① 吕如婷，马冬，张义忠，等. 加快构建新业态知识产权保护生态 [J]. 中国工业和信息化，2020 (12)：16.

业模式下商品和服务的内容变得更加丰富，也更容易对他人的专利权、商标权、著作权等进行侵权，从而导致新的商业形态、地域的侵权行为越来越严重。新的商业模式、商业形态、商业方法不断涌现，为经济的发展注入了新的生机，同时也对新形式、新领域的创新成果的保护提出了前所未有的挑战，这对于加快我国的知识产权立法、强化知识产权的保护都有着越来越紧迫的要求。

第二，国家高度重视对创新成果的知识产权保护。近年来，国家层面的战略规划、法规政策，以及地方层面的强省强市实施意见等，都将新业态新领域等创新成果的知识产权保护提升到了重要高度。在地方层面，主要有探索地方立法研究、加大知识产权执法力度、创新执法监管、研究保护规则、出台保护办法、制定保护指南等政策措施。但这些政策措施在实践中的实施效果如何，还需要进一步观察与梳理。

三、新业态知识产权保护的要求

目前，新业态新领域内的知识产权主要通过专利、著作权、商标、商业秘密等形式来保护，它们可以从不同侧面对新业态新领域的创新成果予以保护，但是不同的保护方式有着各自不同的要求，主要包含以下四个方面。

第一，著作权法的保护要求。由于计算机软件是"互联网+"下商业运作的载体，因此许多国家都以保护计算机软件的方式来保障业务模式的革新。目前，国际上普遍采用著作权法对计算机软件进行保护，计算机软件符合版权法规定的"有独创性""属信号集""可复制性""属于文学、艺术、学术领域"等基本条件。

第二，商标法的保护要求。商标法对商业模式的保护，主要是为了区别经营模式的不同来源，维持不同竞争者之间的竞争关系。商标能够帮助用户识别业务模式的服务源，能够根据对服务来源的了解，通过商标判定业务模式的优劣，从而为企业的推广和应用提供更多的参考。然而，从创新的角度而言，商标法既不能保障其固有的运作理念，也不能保证其对商业模式创新的保护。所以，商标法在商业模式下，主要是为了维持商业模式的竞争。

第三，商业秘密的保护要求。对商业秘密进行保护也是各国普遍采用的一种方法，一般与合同法、反不正当竞争法相结合。商业秘密是一种技术和业务信息，它不为公众所熟知，但它可以为权利人创造经济利益，并且可以被权利人获取。作为一种经营管理手段的商业模式，也可以被视为商业秘密。

第四，专利法的保护要求。新业态新领域关于商业方法和商业模式创新的保护要求不仅体现在商标法、著作权法、商业秘密的法律保护上，还体现在专利法的保护需求上。对于商业模式和商业方法的专利保护需求，主要集中在商业模式侵权纠纷处理中对专利行政执法的依赖程度较高，不同性质企业对于目前商业方法和商业模式保护的具体需求也不太相同。

第二章　知识产权主客体及构成条件

第一节　知识产权主体要求及分类标准

一、知识产权主体的明确要求

"知识产权制度的建立、发展和完善，不仅受到当时社会生产力发展水平制约，还受到人们的知识产权价值观和伦理观影响"①。确定知识产权主体是确定知识产权，进行知识产权贸易和知识产权保护的前提。知识产权的主体是指在知识产权法律关系中享有权利、承担义务的人。此处的人包括知识产权的原创者，既包括受让人、继承人、受遗赠人，也包括自然人、法人、其他组织，甚至还包括国家。根据划分的标准不同，可以分为不同的主体。根据权利产生的次序，可以分为原始主体和继受主体；根据主体身份的不同，可以分为一般主体和特殊主体；根据权利类型的不同，可以分为专利主体、商标主体、版权主体；根据法律关系的不同又可分为民事主体、行政主体、刑事主体等。

要划分知识产权主体，就要明确知识产权权利主体的资格，具有民事法律能力是知识产权主体的首要条件。民事法律能力是公民个人依照国家民事法律的规定，在其所参加的民事法律关系中，独立地享有民事权利和承担民事义务的民事法律主体资格的统称，在结构上由公民的民事权利能力和民事行为能力组成。民事权利能力是民法赋予民事主体享有权利和承担义务的资格；民事行为能力是民事主体以自己的行为参加民事法律关系，从而取得享有民事权利承担民事义务的资格。由于知识产权客体的特殊性，因此知识产权权利主体还应具有一种特殊的能力，即知识产权能力。

（一）原创者的民事权利能力要求

民事权利能力是指法律上赋予原创者享有的民事权利和承担民事义务的资格，具有这种

---

① 胡允银，黄庆阳. 知识产权伦理治理的主体、构架与行动［J］. 湖北第二师范学院学报，2022，39（7）：66.

资格，即具有法律上的人格。民事权利能力是法律所赋予的，不是天赋的。是否享有民事权利能力以及它的内容和范围，均由法律规定，这些规定是强行发布的，当事人不得将民事权利能力自行抛弃、限制、转让。公民的民事权利能力一律平等，任何公民，无论年龄、性别、职业、贫富等均享有平等的民事权利，该能力始于出生、终于死亡。公民死亡后，其财产权和财产义务依继承法规定转移，但公民的身份权、人格权仍然受到法律的保护。

（二）所有者的民事行为能力要求

民事行为能力指民事主体通过自己的行为取得民事权利，承担民事义务的资格。确定公民是否已具备认识和判断自己的行为的标准，包括两个方面的内容：①年龄标准，十八周岁以上的公民是成年人，具有完全民事行为能力，可以独立进行民事活动，是完全民事行为能力人；十六周岁以上不满十八周岁的公民以自己的劳动收入为主要生活来源的，视为完全民事行为能力人。②精神状况标准，不能辨认自己行为的精神病人是无民事行为能力的人，由他的法定代理人代理其民事活动；不能完全辨认自己行为的精神病人是限制民事行为能力人，可以进行与他的健康状况相适应的民事活动，其他活动由他的法定代理人代理，或者征得他的法定代理人的同意。

判断精神病人民事行为能力的有无，应满足医学要件，即确定被鉴定人精神障碍的性质、内容及愈后的精神医学诊断。在明确了被鉴定人的医学诊断后，分析其对自己行为的性质和后果的辨认程度，这就是判断精神病人民事行为能力的法学要件。医学要件是法学要件成立的前提，法学要件又是对医学要件的确认，两者缺一不可。在司法精神病鉴定中，确定一个患有精神疾病的公民的民事行为能力的存在与否，关键是要明确患者的精神症状与其意思思考及其意思表示的关系。

民事行为能力有广义和狭义之分：广义民事行为能力是指公民在取得民事行为能力资格后，直至这种资格消亡和终止的整个过程中，该公民对自己所参加的所有民事活动辨认的能力；狭义的民事行为能力则指该公民参加的某一项或某一民事活动中对自己行为的辨认能力。

所有者的民事行为能力是指所有者依自己的意识活动，通过自己独立的行为取得与实现享有民事权利和设定承担民事义务的能力，亦即所有者发生法律意义上的效果的民事行为资格。在我国知识产权法律法规中，并没有明确对知识产权主体的能力要求，只是对知识产权确认、适用和保护中的手续要求，发明的三性要求，商标的显著性要求，作品的原创性要求，贸易和申请的书面原则要求等，由此可以判断知识产权主体一般为完全民事行为能力人。

（三）知识产权能力的要求

知识产权能力是知识产权权利主体的基本条件和权利产生的基础。权利主体知识产权又称智力成果权，是指公民或法人自己在对科学、技术、文化艺术等领域内，从事智力活动所创造的精神财富所依法享有的权利，一般包括发明权、发现权、专利权、商标权和版权。一个公民要取得知识产权必须满足的条件包括：①该公民具有从事科学研究、技术更新、文化艺术创作的智力创作行为；②该公民的上述行为表现合法。因此，决定一个公民能否取得知识产权主体资格的关键要件是其智力创作行为能否为社会所接受。所以，不论智力创作行为人有无民事行为能力，只要其智力创作的行为符合社会常规的国家法律规范，便可以获得知识产权。在日常生活中，涉及无民事行为能力人的知识产权的问题，主要是有关精神病人申请专利权的问题，我国知识产权法律法规中对此没有明确规定。知识产权既包含身份权的特征，又包含财产权的特征，公民在获得某项知识产权后，便可以通过使用这些权利，获得一定的经济利益；如果该权利人因精神活动障碍不能行使这些权利，则其活动由代理人代理，但知识产权仍归被代理人所有。

二、知识产权主体的分类标准

（一）根据知识产权法律的调控对象分类

1. 专利权主体

专利权主体指享有专利权并承担相应义务的发明人、设计人或其他人。专利权主体包括专利申请权主体和专利所有权主体。专利申请只是专利确权程序上的一个环节，它是启动专利权获得的前提。专利申请权只是申请专利的一种资格。在《中华人民共和国专利法》和《中华人民共和国合同法》中，都明确了专利申请权可以转让，因此，专利申请人可能不是发明创造人本人。专利的主体主要包括：①我国国有企事业单位的"专利持有人"；②我国集体企事业单位的"专利所有人"；③发明创造人本人；④专利的合法所有人；⑤国家。

专利"持有""所有"与专利权主体与发明权主体两组概念有所区别：①"持有"和"所有"的区别。国有企事业单位"持有"专利权只是类似于"保管经纪人"，理论上存在"国家"作为主体的所有人，因此"持有"人不能独立行使专利权。而"所有"者可以独立地行使权利。②专利权主体和发明权主体的区别。发明权主体是依法获得国家发明奖而产生，也可以依发明的完成被其他法规所承认而产生，还可以依据《反不正当竞争法》中的采取保密措施，被实际专有而产生。发明权主体与版权原始主体类似，即为发明者本人，而专利权主体中的发明人是指对发明创造的实质性特点做出创造性贡献的人。专利权主体有原始主体和继受主体之分，只有原始主体才是发明人。

2. 商标权主体

商标权主体指享有商标专用权并承担相应义务的商标注册人或其合法权利人。我国商标权主体有资格申请商标注册人，其次是商标转让活动中的受让人，在不允许商标转让的国家，商标权主体就是商标注册人。

3. 版权主体

版权主体指享有著作权并承担相应义务的作者、视为作者或其他著作权人。

4. 其他知识产权主体

其他知识产权主体指享有专利权并承担相应义务的其他知识产权人，如技术秘密的权利人、动物植物品种权利人、反不正当竞争权利人等。

（二）根据知识产权主体的属性分类

1. 知识产权法人主体

法人是除了自然人另一类民事主体，指具有民事权利能力和行为能力，依法独立享有民事权利和承担民事义务的组织。法人的成立应符合一定的条件，并按照特定的程序。法人包括企业单位法人、机关事业单位法人和社团法人。

2. 知识产权自然人主体

自然人是指基于自然出生而取得民事权利能力的人。自然人具有独立的主体资格，享有民事权利，能实施具体民事法律行为。例如专利中的发明人、商标申请的注册人、《中华人民共和国著作权法》中的作者等。发明创造申请专利的权利是一种财产权，可以转让和继承，因此，发明人或设计人的合法受让人也可以是非职务发明创造的专利申请人，申请被批准后，其合法受让人的申请者是专利权人，成为专利权利法律关系的主体。

3. 知识产权其他组织主体

知识产权主体中的其他组织，是指公民、法人和非法人组织，即个体工商户、个人合伙、农村承包经营户、联营等。

4. 国家主体

国家是知识产权的特殊主体之一。由于知识产权是一个财产性权利，一旦权利人捐献给国家，则国家将是一个特殊的知识产权权利主体，由相关部门履行权利人职能从而可以获取相应的价值。但从源头而言，国家既可以是原始主体（代表国家意志创作），也可以是继受主体（受赠主体和托管主体）。

（三）根据知识产权主体的来源分类

1. 知识产权原始主体

知识产权原始主体指知识产品的原创主体，包括专利原始主体、商标原始主体、版权原始主体和其他知识产权原始主体。原始主体的人格能够得到肯定，创新的成果能够得到尊重，让创新主体能够通过创新成果的传播和利用，包括许可他人使用，收回进行创新所付出的成本，并能够借此获得经济收益。知识产权制度正是出于保护创新主体的私权而产生的制度，它通过产权激励来促进发明人的发明创造。

2. 知识产权继受主体

知识产权继受主体是指通过转让贸易、继承、受赠或法律规定的其他合法方式取得整体或部分知识产权的主体。根据对象的不同可以分为专利权继受主体、商标专用权继受主体、版权继受主体、技术秘密继受主体等。知识产权原始主体和继受主体的区别主要包括以下两个方面。

（1）产生的方式不同。原始主体基于创造和法律规定而产生，而继受主体是以他人已经合法存在的权利为基础，通过受让、继承、受赠或法律规定的其他方式而产生的。

（2）享有的权利不同。原始主体享有全部完整的知识产权，而继受主体不能享有原始主体的人身权，只享有财产权。

第二节　知识产权主体分类及构成条件

一、专利权主体及构成条件

（一）发明人或设计人的构成条件

1. 发明人或设计人的概念

发明人或设计人是指对发明创造的实质性特点做出创造性贡献的人。在完成发明创造过程中，只负责组织工作的人、为物质技术条件的利用提供方便的人或者从事其他辅助工作的人，不是发明人或者设计人。各国都规定了发明人或设计人对其发明创造有申请和获得专利的权利，其发明可分为三类：职务发明、非职务发明、共同发明。故发明的种类不同，其申请和获得专利的资格也有所不同。非职务发明创造，发明人或设计人成为专利权的主体，有申请和获得专利的权利。关于哪些属于发明人或设计人，各国有严格的规定。

2. 发明人或设计人的认定

认定发明人或设计人必须明确以下三个问题。

（1）发明人或设计人做出的是产品实质性特点的发明创造。所谓实质性特点是指直接影响发明创造的功能、作用，与其他同类产品相区别的明显改进或补充。例如，安全节能用电器，此处的"安全""节能"就是实质性特点，其他一般特点如"体积""大小""形状"等不是实质性特点。

（2）发明人或设计人做出的是创造性贡献。创造性贡献就是发明者或设计人对发明实质性特点做出的有别于他人的特殊的改进或补充，使现有产品具有了原有产品不具有的特殊品质，这种改进或功能补充就是创造性贡献。判定创造性贡献时，应当分解发明创造或科技成果的实质性技术构成，并据此客观、公正地把提出实质性技术构成和由此实现技术方案的人确定为做出创造性贡献的人。

（3）最先申请人。对同一内容若有两人申请，专利授权，一般有三种原则：①先申请原则，以申请日先后为准，专利权授予最先申请人；②先发明原则，以发明先后为准，专利权授予最先完成发明的申请人；③先使用原则，专利授权给先使用者。由于发明时间难以确定，无客观依据，取证困难，故国际广泛采取先申请原则，即授予最先申请人。因为对专利局而言，申请日以专利局接到的申请文件为准，可以准确无误地判定，无须发明人提供其他证明。若早有发明，应及时申请，否则就可能被他人抢先申请而丧失专利权。

3. 发明人或设计人的权利归属

发明人或设计人由于对发明的实质性特点做出创造性贡献，其专利的申请权和专利权属于发明人或设计人，其他任何人不得侵害。

（二）共同发明人或共同设计人

1. 共同发明人或共同设计人的概念

共同发明人或共同设计人是两个或两个以上的人对同一项发明共同构思，并共同对发明的实质性特点做出过创造性贡献的人。

2. 共同发明人或共同设计人的认定

（1）以事实为依据。在集体创造过程中，正确记录创造全过程中每个人的贡献，是划分共同发明人或共同设计人的一个依据。该创造全过程包括从选题到方案制订、创造案例讨论、创造性思想的提出、实验的设计、数据的处理，正确记录每个人的贡献，并根据这些记录客观确定每个人对成果的贡献。专利申请权、专利权属于共同发明人或共同设计人。

（2）以是否有创造性贡献为标准。参加课题或其他人员都有贡献，关键要看谁对解决实质性问题做出创造性贡献，从而确定哪些人是共同发明人或共同设计人。如果两人或两人以上都有创造性贡献，那么他们就是共同发明人或共同设计人。例如，就相同的主题在相同的申请日同时申请的两个或两个以上的申请人，协商的结果就是共同发明人或共同设计人。

（3）发明结果的互补性。共同发明人或共同设计人的判断标准就是发明结果的互补性，如果是一个可以独立的发明创造，可以单独申请专利，而需要共同申请，结果和功能的互补性是共同发明人或共同设计人可能会聚到一起的内在动力。

3. 共同发明人或共同设计人权利归属

共同发明人或共同设计人的专利申请权和专利权属于共同发明人或共同设计人。任何一方使用专利权时，不得损害另一方的利益，其中一方转让专利权时，共同发明的另一方有优先购买权。

（三）合作方或委托方与受托方

1. 合作方或委托方与受托方的概念

两个以上单位或者个人合作完成的发明创造、一个单位或者个人接受其他单位或者个人委托所完成的发明创造，除另有协议的以外，申请专利的权利属于完成或者共同完成的单位或者个人；申请被批准后，申请的单位或者个人为专利权人。把两个以上单位相互配合，共同研究和开发某一技术的形式称为"协作"，现在一般称为"合作"。

协作包括两种形式：①合作单位各方都对技术做出贡献并由一方或几方提供物质条件，相互协作，参与研究和开发技术工作；②合作的一方或几方对技术做出贡献，另一方或几方提供物质条件。

委托是指一个单位接受另一个单位委托的研究和开发任务，委托方为该技术成果的完成提供物质条件，被委托方完成约定的技术成果。它有两种形式：①国家或上级主管部门委托所属单位研究和开发某一技术；②一个单位接受其他单位的委托研究和开发某一技术项目。

协作或委托关系一般都是通过合同方式建立的，应在合同中明确规定对完成发明创造申请专利权的归属，若没有规定，申请并获得专利的权利属于完成单位或共同完成单位。没有取得专利的单位依据技术可以免费实施该项专利。

2. 合作或委托发明的认定

合作或委托开发必须签订书面的技术合作与委托合同，在合同中明确双方的权利和义务，因此，合作与委托的发明，可以根据书面合同来认定。

3. 合作或委托发明的权利归属

合作或委托的发明创造的权利归属，以其签订的合作或委托的技术开发合同为准。但合同中没有确定或没有明确确定的，专利申请权属于发明的开发方或受托方，取得专利权后，专利权属于发明创造的开发方或受托方。合作的另一方或委托方的权利在《中华人民共和国专利法》中没有明确，但在《中华人民共和国合同法》中明确了合作的另一方或委托方有免费使用权，这样才显得相对公平。

（四）职务发明人

1. 职务发明人的概念

职务发明指发明人或设计人在执行本单位的任务或者主要利用本单位的物质条件时所完成的发明创造。职务发明的核心概念是具有本单位、本职工作、主要利用本单位的物质技术条件三个选择条件，这也是判断职务发明的主要依据。其中，本单位包括临时工作单位。本单位的任务主要指：①完成本职工作；②完成单位交付的其他工作中做出的发明创造；③退职、退休、调动工作后一年内做出的，与原单位承担的本职工作或分配的任务有关的发明创造，主要利用本单位的物质条件的发明创造，是指主要利用本单位的资金、设备、零部件、原材料或者不对外公开的技术资料、实验室等做出的发明创造。

2. 职务发明人的认定

科技活动是一个继承和突破的矛盾运动，发明创造常常是渐进的、连续的和累积的，因此，不应简单地将发明创造工作全部或部分在上班时间内进行而认定其为本职工作，而应以其是否在职责范围之内来划分。主要的物质技术条件是指本单位的设备、资金、零部件、原材料或者不对外公开的技术资料等。判断职务发明有两个标准，即执行本单位的任务和主要利用本单位的物质技术条件所完成的发明创造。

（1）对本单位的理解。下列单位都视为本单位：所在单位即为职工的"本单位"；借用人员从事工作的单位应视为"本单位"；专职受聘人员的聘用单位应视为"本单位"；

兼职受聘人员与聘用单位是合同关系，合同约定为"本单位"。

（2）对本单位的任务的理解。本单位的任务或职责是指本职工作，对本职工作的内容可以做扩大的理解，至少应注意以下四个问题：①本职工作是指发明人或设计人的职务范围，即工作职责范围；②利用在工作职责范围内获得的知识、技术、经验和信息完成的发明创造，不能一概视为本职工作中的发明创造；③在个人所学的专业领域，本岗位工作所属行业中的发明创造，不能一概认定为本职工作中的发明创造；④本职工作不应简单地按上班或下班时间划分。对于本职工作的时间问题，某一发明创造是否属于职务发明，不应以工作时间还是业余时间为划分标准。因为脑力劳动在劳动时间上有内在的联系，难以区分是工作时间还是业余时间，何时完成的发明创造无关紧要，只要某一发明属于发明创造者的本职工作内容，或者与本职工作密切相关则都视为职务发明，专利权归工作单位。本岗位的职责是指根据单位的规定，职工所在岗位的工作任务和责任范围。如果职工在该单位所在岗位的工作任务和责任范围与某项技术成果的研究开发没有直接关系，在其完成本职工作的情况下，利用专业知识、经验和信息完成的该技术成果不属于"履行本岗位的职责"。

（3）对本单位的物质技术条件的理解。本单位的物质技术条件是指职工在完成技术成果的研究开发过程中，全部或者大部分利用了单位的资金、设备、器材或原材料，或者该项技术成果的实质性内容是在本单位尚未公开的技术成果、阶段性成果或者关键技术基础上完成的。在技术成果完成后，对其技术方案进行验证性的不包含后续开发内容的试验、小试、中试而利用的物质条件或者在研究开发过程中利用本单位已经向社会公开或已为本领域专家共知的技术信息，不属于主要利用本单位物质技术条件。

3. 职务发明人的权利归属

职务发明的专利申请权归工作单位，申请被批准后，该单位为专利权人。但发明人或设计人有署名和受奖的权利。如果利用的物质条件在其发明中起到了决定作用，这样的发明属于职务发明，但某一发明只是利用了测试设备，并且支付了使用费，且所利用的物质条件对其发明不起主要作用，这样的发明不是职务发明。物质条件的利用对完成发明创造没有太大的帮助，并且不是不可缺少的，或者按照事先的约定支付了使用费的不应被认为是职务发明。如果是利用了本单位的物质技术条件所完成的发明创造，单位与发明人或者设计人订有合同，应服从约定。

二、版权主体及构成条件

（一）作者及构成条件

著作权原始主体是指创造作品并享有作品权利的人或称为作者或视为作者。在《中华人民共和国著作权法》中，这类作品主体按照不同标准进行划分。按国籍分为我国公民作者、外国人、无国籍人作者；按创造人数分为个人作者、合作作者；按是否署名，划分为署名作者和匿名作者；按作品承担的责任又可分为自然人作者、法人作者、其他组织作者、委托作者（雇佣作者）；按作品划分为文字作者、词作者、曲作者、美术作品作者、摄制者等。由于作者是直接创作作品的人，享有著作权。因此，作者一般认为必须同时具备如下条件。

第一，作者是具有创作能力的人。创作作品的作者须掌握一定的文学、艺术、自然科学或社会科学知识，并具备将这些科学知识以一定形式表现出来的能力和技巧。

第二，作者是从事实际创作的活动之人。创作活动是作品产生的前提。《中华人民共和国著作权法》对创造做了明确的界定：创作指直接产生文学、艺术和科学作品的智力活动。为他人的组织工作，提供咨询意见、物质条件或其他辅助活动的不是创作。

第三，作者是创作了作品的人。即通过创造活动完成了一定表现形式的制作人。对这个制作者的称谓颇多。创作文字作品的人称为作家，诗歌作品的创造者称为诗人，美术作品的创造者称为美术家，绘画作品的创作者称为画家，音乐作品的创作者称为音乐家等。有多少种作品形式就有多少种创作者称谓。当创造者达到较高的境界时，可以称其为"某某家"或"某某大师"，如舞蹈家、雕刻家、戏剧家。

（二）作者的类别

根据作品的类型、创作作品的方式和过程，作者可以分为许多种类。根据《中华人民共和国著作权法》：公民、法人或其他组织均可以成为作者。因此，作者可以从总体上分为以下三种。

第一，公民作者。公民是指具有一国国籍，依该国的宪法和法律规定，享有权利和承担义务的自然人。因此公民作者就是自然人作者。创作作品的公民为作者，对此各国毫无疑义。在英美法系中的自然人有别于自然人的法律实体（如法人或非法人团体），大陆法系中自然人成为原始著作权人。

第二，法人作者。法人作者由法人或者其他组织主持，代表法人或者其他组织意志创作，并由法人或者其他组织承担责任的作品，法人或者其他组织视为作者。法人是具有民事权利能力和民事行为能力，依法独立享有民事权利和承担民事义务的组织，它的成立有四个条件：①依法成立；②有必要的财产或经费；③有自己的名称、组织机构和场所；④能独立承担民事责任。法人是组织的拟人化，它具有思维能力，可以制作作品，成为作者。

第三，其他组织作者。其他组织又称非法人团体，指不具备法人资格的组织，如不具备法人资格的社会团体、法人的分支机构，是除公民、法人外（国家）的第三主体。由其他组织主持，代表其他组织意志创作，并由其他组织承担责任的作品，视其他组织为作者。

（三）作者的认定及权利归属

1. 作者的认定

作者的认定是著作权确认的前提。由于我国著作权采用自动取得制度，作品一经完成，就取得著作权，著作权与作品同时产生，没有审查、登记程序，所以，作品署名成为著作权的唯一标志。一旦作者署名，要想更改对某些作品而言十分困难。为了维护著作权人的合法权益，对那些侵权作品，只要没有相反的证据，就可以通过作品上的署名来证明著作权归属，使著作权人行使合法权益。作者的认定采用的标准是如无相反的证明，在作品上署名的人即是该作品的作者，即在作品上署名的公民、法人或者其他组织为作者。如果由法人或者其他组织主持，代表法人或者其他组织意志创作，并由法人或者其他组织承担责任的作品，法人或者其他组织视为作者。

2. 作品的权利归属

著作权归属于作者和其他著作权人。但由于作品不同，权利主体不同，权利归属也不同。公民作者的著作权属于创作作品的公民，主要包括以下六个方面。

（1）两人以上合作创作的作品，著作权由合作作者共同享有。没有参加创作的人，不能成为合作作者。合作作品可以分割使用的，作者对各自创作的部分可以单独享有著作权，但行使著作权时不得侵犯合作作品整体的著作权。

（2）改编、翻译、注释、整理已有作品而产生的作品，其著作权由改编、翻译、注释、整理人享有，但行使著作权时不得侵犯原作品的著作权。

（3）公民为完成法人或者其他组织工作任务所创作的作品是职务作品。职务作品的著作权归属有两种情况：①主要是利用法人或者其他组织的物质技术条件创作，并由法人或者其他组织承担责任的工程设计图、产品设计图、地图、计算机软件等职务作品，或者法律、行政法规规定或者合同约定著作权由法人或者其他组织享有的职务作品，作者享有署名权，著作权的其他权利由法人或者其他组织享有，法人或者其他组织可以给予作者奖励；②虽然是职务作品，但没有上述情况，著作权由作者享有，但法人或者其他组织有权在其业务范围内优先使用。作品完成两年内，未经单位同意，作者不得许可第三人以与单位使用的相同方式使用该作品。

（4）汇编若干作品、作品的片段或者不构成作品的数据或者其他材料，对其内容的选择或者编排体现独创性的作品，为汇编作品，其著作权由汇编人享有，但行使著作权时，不得侵犯原作品的著作权。

（5）电影作品和以类似摄制电影的方法创作的作品的著作权由制片者享有，但编剧、导演、摄影、作词、作曲等作者享有署名权，并有权按照与制片者签订的合同获得报酬。电影作品和以类似摄制电影的方法创作的作品中的剧本、音乐等可以单独使用的作品的作者有权单独行使其著作权。

（6）受委托创作的作品，著作权的归属由委托人和受托人通过合同约定。合同未作明确约定或者没有订立合同的，著作权属于受托人。

三、商标权主体及其构成条件

商标注册人是指具有申请商标注册资格并申请商标注册的人。自然人、法人或者其他组织对其提供的服务项目，需要取得商标专用权的，应当向商标局申请商品商标注册。商标申请注册人是从事生产、制造、加工、拣选或者经销商品的人或者团体、协会或者其他组织。

商标专用权原始主体是指对商标具有所有权的人。商标主体和商标权主体是两个相互联系又相互区别的概念，商标主体包含商标权主体，商标权主体是商标主体的特殊主体。商标注册采用自愿注册与强制注册相结合的方法，因此，对商标主体没有太多的限制，只要自然人、法人或者其他组织对其生产、制造、加工、拣选或者经销的商品，或对其提供的服务项目，需要取得商标专用权的，可以向商标局申请商品商标注册，在符合特定条件并履行相应程序后，经过授权并公告而成为商标权专用主体。该商标权主体具有垄断的排他权。

四、商业秘密权利主体构成条件及主体类别

（一）商业秘密权利主体构成条件

商业秘密是指不为公众所知悉、能为权利人带来经济利益、具有实用性并经权利人采

取保密措施的技术信息和经营信息，具有信息的控制权。实际上，由于信息渠道的隔绝，相同内容的技术信息或经营信息为不同主体所掌握，他们各自在主观上仍认为信息在本地区或本行业具有竞争能力不宜扩散，因而客观上采取了相应的保密措施，出现了多数主体同时拥有同一内容商业秘密的情况，形成了非单一的相对所有权。商业秘密权的取得与专利权、商标权的取得存在根本不同。专利和商标独占权的取得是由国家专门机关授权确认的，因此，它们的法律状态、专有权的范围是公知的，易于了解和把握。而商业秘密的内在表现形式多样化，内容具有不可穷尽性。商业秘密在事实上的独占权主要凭借权利人保守秘密而维持。

商业秘密权的保护期是不确定的，保护期的长短取决于权利人的保密措施和其他人对此项秘密的公开程度。商业秘密与知识产权不可分割。技术秘密与专利密切相关。商业秘密产生和存在的历史早于专利制度。由于商业秘密是技术信息和经营信息，是特定商业主体的控制对象，有别于一般民事主体（自然人），自然人所拥有的有价值的信息，可能就是隐私权（个人信息）的范畴。商业秘密的秘密性决定了商业秘密主体必须具有一定的防止泄密的技术技能和措施。

（二）商业秘密权利主体类别

由于商业秘密没有法定的程序要求，没有审查条件等，其确立的程序皆为权利人自身的内部程序，对外没有约束力，但其可以作为确认商业秘密的法定证据，因此，按照一般的分类，商业秘密的权利主体比知识产权中专利商标权的主体种类还要宽，主要分为自然人主体、法人主体（包括企业法人、事业单位法人）、非法人组织，甚至国家。

第三节　知识产权客体要求及分类标准

一、知识产权的客体要求

"作为知识产权客体的智力成果具有非物质性特征，要通过诸如创新性产品或作品等特定客观形式表现出来。"[①] 知识产权的客体要求是指确定创作和创新可以受到保护的标准与条件。不同类型的知识产权在客体要求方面存在一些共性，但也存在一些差异。知识

---

① 戚建刚，张晓旋. 论新发展格局与知识产权新发展思路［J］. 中国高校社会科学，2022（3）：117.

产权的客体要求对创新和社会发展产生了深远的影响。首先，它们鼓励了创新和创造性活动，创作者、发明家和企业家知道他们的努力会得到法律保护，这激励他们投入更多时间和资源进行创新，这种创新推动了科技进步、经济增长和社会发展；其次，知识产权的客体要求有助于平衡创作者和公众的权益，如在著作权中，时限性要求确保了文学和艺术作品最终进入公共领域，使更多人能够享受和受益；最后，知识产权的客体要求有助于维护市场的竞争和诚信，商标和专有技术的要求确保了市场上的商品和服务能够被清晰地识别和区分，防止混淆，有助于维护公平竞争和市场的健康发展。

知识产权的客体要求是保护创新和创造性活动的重要工具，它们鼓励了创作者、发明家和企业家的努力，推动了科技进步和文化创意的发展。不同类型知识产权的客体要求有助于平衡创作者和公众的权益，维护市场的竞争和诚信。因此，对知识产权的客体要求的深入理解和适当应用对社会和经济的可持续发展至关重要。知识产权的客体要求主要包含以下几个方面。

（一）专利权的客体要求

专利是一种重要的知识产权形式，它为发明和创新提供了保护。专利权的客体要求通常包括以下四个方面。

第一，新颖性。发明必须具有新颖性，即在专利申请提交之前，该发明在全球范围内不得以任何形式公开或使用，这确保了只有真正的创新才能受到保护，鼓励人们进行新的研究和开发。

第二，非显而易见性。除了新颖性，发明还必须具有非显而易见性，这意味着该发明不能仅仅是已有技术的简单组合或变化，这个要求旨在保护那些具有高度创造性和技术含量的发明。

第三，描述要求。专利申请必须包含足够详细和清晰的描述，以便他人能够理解和复制该发明，这有助于促进技术的传播和共享。专利的客体要求在保护创新的同时，也对技术进步和经济发展产生积极影响，它鼓励了科学家、工程师和企业投资研究和开发，从而推动了新技术的出现和商业化应用。

第四，工业适用性。发明必须具有工业适用性，即能够在实际生产和应用中得到利用，这个要求确保了专利保护只适用于具有实际价值的发明。

（二）商标权的客体要求

商标权是用于标识商品和服务来源的符号，如商标标志和商标名称。商标权的客体要求有助于保护消费者免受混淆和欺诈，同时也有助于保护品牌所有者的权益。商标可以建立品牌的价值，因此它对企业的成功和市场竞争力至关重要。商标权的客体要求通常包括以下三个方面。

第一，独特性。商标必须具有独特性，即与其他商品或服务的商标有明显的区别，这确保了消费者可以轻松识别和区分不同的商品和服务。

第二，可识别性。商标必须能够被识别和记住，以便消费者可以在购物时识别所需的商品或服务。

第三，未注册标志。商标不能与已经注册或使用的商标太相似，以免混淆消费者，这有助于维护市场的诚信和公平竞争。

(三) 著作权的客体要求

著作权是保护文学、艺术和音乐等创意作品的一种知识产权形式。著作权的客体要求有助于保护创作者的权益，鼓励他们进行创作，并促进文化和艺术的多样性。同时，著作权的时限性也有助于确保作品最终进入公共领域，为社会提供更多的文化资源。著作权的客体要求通常包括以下四个方面。

第一，原创性。著作必须是原创的，即作者必须独立创作，而不是复制或抄袭他人的作品，这个要求确保了知识产权只适用于真正的创意作品。

第二，固定性。著作必须以某种形式进行固定，如写在纸上、录制在音频或视频中，这意味着口头传统或概念本身不能受到著作权的保护。

第三，时限性。著作权通常有一定的时限，过了这个时限后，作品将进入公共领域，任何人都可以自由使用和传播，这有助于平衡知识产权的保护和公众的利益。

第四，来源可识别性。著作权要求作品的作者或来源必须可识别，这有助于保护作者的权益，使他们能够获得作品的公平报酬。

(四) 专有技术的客体要求

专有技术包括商业机密和专利技术等，它们用于保护特定的商业信息和技术。专有技术的客体要求通常包括以下三个方面。

第一，机密性。专有技术必须保持机密，即不得公开或泄露给未经授权的人，这确保了信息的独特性和商业价值。

第二，经济价值。专有技术必须具有经济价值，即能够为企业带来商业优势，这个要求有助于防止滥用专有技术保护。

第三，合法性。专有技术必须是合法的，即不得侵犯他人的权益或违反法律规定。专有技术的客体要求有助于企业保护其商业机密和竞争优势，它们鼓励创新和技术进步，同时也有助于维护市场的公平竞争。

二、知识产权的客体分类标准

（一）专利权的客体分类标准

专利权的客体可以根据其性质和创新内容进行分类，主要包括以下三方面。

第一，发明专利。发明专利是最常见的专利类型，它保护的是新的、有创造性的技术发明，这些发明可以包括新的机器、化学化合物、生物技术方法等。发明专利的客体通常是物理实体或过程，如一种新型机械装置或一种化学合成方法。

第二，实用新型专利。实用新型专利保护的是新的、有创造性的实用性发明，但与发明专利不同的是，它们通常涉及外观或结构的改进，而不是全新的技术原理。实用新型专利的客体可以是产品的外观设计、结构或构造的新型改进，如一种新型手机外壳设计或工具的改进结构。

第三，外观设计专利。外观设计专利保护的是产品的外观、形状和装饰。客体通常是产品的外观特征，如家具、汽车、包装设计等。外观设计专利重点在于外观的美学和独特性，而不涉及其功能或技术原理。

无论哪种类型的专利，都需要满足一些基本的保护要求，主要有：①新颖性，专利客体必须是新颖的，即在提交专利申请之前，它不能在任何公开文献或其他来源中公开披露或已存在，这意味着发明必须是全新的，没有任何类似的先前技术；②创造性，专利客体必须具有创造性，即它不能是显而易见的改进或组合，专利权不会授予那些仅仅进行一些小的修改或组合的发明；③实用性，专利客体必须具有实用性，即它必须能够被制造和应用，专利不会授予那些没有实际用途的发明。

（二）著作权的客体分类标准

著作权的客体可以根据其类型和表达方式进行分类，主要包括以下四个方面。

第一，文学作品。文学作品包括小说、诗歌、戏剧、散文、论文和各种文学创作。客体通常是书写或印刷的文字，如一本小说、一篇诗歌或一份研究论文。

第二，音乐作品。音乐作品包括歌曲、交响乐、器乐曲、流行音乐和各种音乐创作。客体通常是音乐的乐谱或录音，如一首歌曲的歌词和乐谱，或一张音乐专辑的录音。

第三，艺术作品。艺术作品包括绘画、雕塑、摄影、平面设计和各种视觉艺术创作。客体通常是艺术作品的实际物理表现形式，如一幅油画、一尊雕塑或一张摄影作品。

第四，表演艺术。表演艺术包括戏剧演出、音乐演奏、舞蹈表演和各种表演艺术创作。客体通常是实际的表演或演出，如一部戏剧的舞台表演或一场音乐会的现场演奏。

无论哪种类型的著作权，都需要满足一些基本的保护要求，主要有：①原创性，著作权客体必须具有原创性，即它必须是作者独立创作的成果，这意味着它不能是抄袭或复制他人作品的产物；②固定形式，著作权客体必须被固定在某种物理形式中，如书写、绘画、录音、摄影等，这意味着创作必须以可感知的形式存在，而不是仅存在于作者的头脑中；③可识别性，著作权客体必须具有足够的可识别性，以便能够被确定和区分，这意味着作品必须具有一定程度的独特性和独创性，而不是显而易见或常见的表达方式。

（三）商标权的客体分类标准

商标权的客体可以根据其类型和表达方式进行分类，主要包括以下五个方面。

第一，文字商标。文字商标是由字母、数字、字词或字母组合构成的商标，它们通常用于标识品牌的名称或口号。

第二，图形商标。图形商标是包含图像、符号、图案或图标的商标，这些商标通常用于以视觉形式识别品牌。

第三，复合商标。复合商标是同时包含文字和图形元素的商标，它们结合了文字和图像以创建独特的商标标识。

第四，三维商标。三维商标是具有特定形状或外观的商标，通常用于标识具体产品的外观特征。

第五，颜色商标。颜色商标是特定颜色或颜色组合的商标，它们通常用于区分特定品牌的产品或服务。

商标权的保护要求主要有：①独特性，商标必须具有足够的独特性，以便能够与其他商标区分开来，不能使用普遍性、常见性或描述性的标识作为商标；②非功能性，商标不能涉及商品或服务的功能特征，商标应该用于识别产品或服务的来源，而不应该用于描述其特性或功能；③不会引起混淆，商标不能与已经存在的商标引起混淆，即不能与其他品牌的商标太过相似，以至于消费者可能会混淆它们。

（四）商业秘密的客体分类标准

商业秘密是一种知识产权形式，它包括公司的商业信息和技术，这些信息和技术对公司具有重要的商业价值，但未被公开披露。商业秘密可以包括客户列表、生产方法、销售策略、研发成果等各种商业信息。商业秘密的保护是为了防止不正当竞争和未经授权的使用。商业秘密的客体可以根据其性质和用途进行分类，主要包括以下四方面。

第一，技术秘密。技术秘密包括公司的研发成果、制造方法、工艺流程等技术性信息，这些信息对于公司的核心竞争力至关重要，因此需要受到保护。

第二，商业信息。商业信息包括客户列表、供应商信息、销售数据、市场调研等与公司运营相关的商业数据，这些信息对于公司的市场策略和业务发展至关重要。

第三，法律文书。法律文书包括合同、许可协议、保密协议等法律文件，这些文件中可能包含了关键的商业条款和保密信息，需要受到保护。

第四，设计和图纸。设计和图纸是产品或项目的详细说明，包括构图、图纸、模型等，这些信息对于产品的制造和开发至关重要。

商业秘密的保护要求主要有：①机密性，商业秘密必须保持机密，即只有授权人员能够访问和使用这些信息，公司需要采取适当的保密措施，如许可协议和保密协议，以确保机密性；②经济价值，商业秘密必须具有经济价值，即这些信息对于公司的商业运营具有重要意义，商业秘密不应是常规信息的简单汇总，而应包含有助于公司获得竞争优势的信息；③努力保密，公司必须采取合理的努力来保护商业秘密，这包括限制对信息的访问、建立安全系统和监督员工的行为。

（五）其他知识产权形式的客体分类标准

除了专利、著作权、商标和商业秘密，还有其他一些知识产权形式，如植物品种权、地理标志权、集成电路布图权等，这些知识产权形式也有其特定的客体分类标准，根据其性质和用途进行分类，主要包括以下三个方面。

第一，植物品种权。植物品种权用于保护新的植物品种，包括农作物和花卉。客体是具有新颖性、稳定性和一致性的植物品种。

第二，地理标志权。地理标志权用于标识特定地理区域生产的产品，这些产品具有特殊的质量、声誉或其他特征。客体是地理区域标识。

第三，集成电路布图权。集成电路布图权用于保护集成电路的原始设计，以防止未经授权的复制和使用。客体是集成电路的布图设计。

总而言之，知识产权的客体分类标准是法律体系中的关键要素，它有助于确定不同类型的知识产权形式以及它们的范围和保护要求。专利权、著作权、商标权和商业秘密等知识产权形式各有其独特的分类标准和保护要求。了解这些分类标准对于创作者、创新者、企业和法律专业人士来说都至关重要，因为它们为知识产权的有效保护和管理提供了指导原则。在不断变化的商业环境中，对知识产权的充分理解和合规管理将变得越来越重要，以确保创造性成果和商业秘密得到妥善保护。

第四节 知识产权客体分类及构成条件

一、专利分类及构成条件

（一）授予专利的发明创造分类

1. 发明

《中华人民共和国专利法》中的发明创造指对产品、方法或者其改进所提出的新的技术方案。依据该定义，法定的发明创造主要包括以下四个方面。

（1）产品发明。产品发明指发明一种前所未有的新产品，这种产品可以是人工制造的一切有形物质产品，也可以是通过某种方法（物理、化学方法）所得到的两种或两种以上的元素的化合物或混合物，既可以表现为固态，也可以表现为非固态。

（2）方法发明。方法发明指为制造某种产品或取得某种效果，包含有一系列步骤的技术方案，它不仅包括制造产品的方法，也包括使用产品的方法。如制造照相胶片的方法、酿造啤酒的方法、测量的方法、化学方法、通信方法等。但此方法必须属于技术领域，即利用自然规律的技术方案，单纯利用人的心理规律、人为规定、经济规律等创造的方法，如数学方法、比赛规则、交通规则、广告方法、演讲方法则不能获得专利，但与该方法有关的仪器设备可获专利，如诊疗器、高级手术刀、听诊器等。

（3）产品改进发明。产品改进发明指通过对已有物质产品的改进或改造，使其有新的技术特征而完成的发明。对现有产品的缺陷，通过一定的技术，使其产生新的技术特征，如将现有自行车进行改造，发明一种新型自行车，使其性能、功效得到很大改善，若符合条件也可获得专利。

（4）方法改进发明。方法改进发明指对原有方法进行改造，使其产生良好的效果而完成的发明。例如，酿酒的方法自古就有，若通过研究，使用一种新的酿酒方法，可以节省原料，酿的酒味美醇香，则该种方法就属于方法改进发明，可以申请专利。

2. 实用新型

实用新型指对产品的形状、结构或其结合所提出的适于实用的新的技术方案。形状指通过产品外部能观察的外形，是有固定的立体外形和相应的功能作用的外形，如轮胎上的花纹，既有立体螺纹，又有防滑功能。结构指组件或零件的有机结合，结构也是立体的，具有一定的功能，如多功能钢笔。实用新型在实践中常被称为"小发明"，在技术水平上低于发明，在实用上体现了较低的创造水平，但与发明有别。实用新型有两个特征：①实用新型是一种适于实用的产品，如设备机构、装置、工具、器具用具或日用品；②必须是有一定的立体形状和结构或二者的结合，无形状的物质不受《中华人民共和国专利法》保护，如粉末、液体、气体等，不可能取得实用新型专利。

3. 外观设计

外观设计指对产品的形状、图案、色彩或其结合所做出的富有美感并适于工业上应用的新设计。形状指平面或立体轮廓，是所占的空间形状，无固定形状的粉末、液体、气体不属于外观设计产品范围。图案指为了装饰而加于产品表面的花色图样、线条等。许多发展中国家的地方传统技艺创作属于"工业品外观设计"范围。色彩指产品表面的颜色。许多设计往往是形状、图案、色彩三者的结合。一个有效的工业品外观设计保护制度就能够激发创造活力。外观设计应符合以下几个要求。

（1）外观设计是指形状、图案、色彩或者其结合的设计，外观设计以外表具体形态为对象，如电视机、小汽车的外形，侧重于外形。

（2）外观设计必须是针对产品的外表所作的设计。产品是指具有独立用途，可以成为交易对象的物品，而且这种物品具有一定形状，能够自由移动，如脸盆、台灯、壁纸等。一幅画或一个图案，本身不是外观设计，但是印在床单、脸盆上的那幅画或那个图案就可以成为外观设计。

（3）外观设计要富有美感。美感是人们通过视觉感官而产生的一种直觉状态，通常具有很强的个体差异性，因此，美感的评价往往差别很大。实践中的美感差别，多数都流于外观上的区别。

（4）外观设计必须适合于工业上的应用。此处工业的定义是指《保护工业产权巴黎公约》中的含义，泛指工业、农业、交通运输业、采掘业、商业、科学技术等各部门，即所有的产业部门实用新型重实用（功能），外观设计重外观（表现）。

（二）发明专利的构成条件

发明专利权确认的构成条件就是指申请专利确权的书面文件要求。发明专利的构成条件主要包括以下六方面。

1. 专利请求书

专利请求书是专利申请人请求国家授予申请人发明创造专利权的请求文件，它包括发明或者实用新型的名称，发明人或者设计人的姓名，申请人姓名或者名称、地址、申请人的国籍等；申请人是企业或者其他组织的，其总部所在地的国家；申请人委托专利代理机构的，应当注明有关事项；申请人未委托专利代理机构的，其联系人的姓名、地址、邮政编码及联系电话；要求优先权的，应当注明的有关事项还包括：申请人或者专利代理机构的签字或者盖章；申请文件清单；附加文件清单；其他需要注明的有关事项等。

2. 专利说明书

专利说明书是说明发明创造的法律文件，应当对发明或者实用新型做出清楚、完整的说明，以所属技术领域的技术人员能够实现为准。发明或者实用新型专利申请的说明书应当写明发明或者实用新型的名称，该名称应当与请求书中的名称一致。说明书应当包括下列内容：①技术领域，写明要求保护的技术方案所属的技术领域；②背景技术，写明对发明或者实用新型的理解、检索、审查有用的背景技术，有可能的并引证反映这些背景技术的文件；③发明内容，写明发明或者实用新型所要解决的技术问题以及解决其技术问题采用的技术方案，并对照现有技术写明发明或者实用新型的有益效果；④附图说明，说明书有附图的，对各幅附图做简略说明；⑤具体实施方式，详细写明申请人认为实现发明或者实用新型的优选方式，必要时举例说明，有附图的，对照附图。

发明或者实用新型专利申请人应当按照规定的方式和顺序撰写说明书，并在说明书每一部分前面写明标题，除非其发明或者实用新型的性质用其他方式或者顺序撰写能节约说明书的篇幅并使他人能够准确理解其发明或者实用新型。发明或者实用新型说明书应当用词规范、语句清楚，并不得使用"如权利要求……所述的……"一类的引用语，也不得使用商业性宣传用语

3. 权利要求书

权利要求书是申请人请求法律予以保护的以发明技术特征为内容的范围。权利要求书应当说明发明或者实用新型的技术特征，清楚、简要地表述请求保护的范围。权利要求书有多权利要求的，应当用阿拉伯数字按顺序编号。权利要求书中使用的科技术语应当与说明书中使用的科技术语一致，可以有化学式或者数学式，但是不得有插图。除绝对必要外，不得使用"如说明书……部分所述"或者"如图……所示"的用语。权利要求书中的技术特征可以引用说明书附图中相应的标记，该标记应当放在相应的技术特征后并置于

括号内,便于理解权利要求。附图标记不得解释为对权利要求的限制。权利要求书应当有独立权利要求,也可以有从属权利要求。独立权利要求应当从整体上反映发明或者实用新型的技术方案,记载解决技术问题的必要技术特征。从属权利要求应当用附加的技术特征,对引用的权利要求做进一步限定。

发明或者实用新型的独立权利要求应当包括前序部分和特征部分,撰写规定主要包含以下两方面:①前序部分,写明要求保护的发明或者实用新型技术方案的主题名称和发明或者实用新型主题与最接近的现有技术共有的必要技术特征;②特征部分,使用"其特征是……"或者类似的用语,写明发明或者实用新型区别于最接近的现有技术的技术特征,这些特征和前序部分写明的特征合在一起,限定发明或者实用新型要求保护的范围。发明或者实用新型的性质不适于用前款方式表达的,独立权利要求可以用其他方式撰写。一项发明或者实用新型应当只有一个独立权利要求,并写在同一发明或者实用新型的从属权利要求之前。

发明或者实用新型的从属权利要求应当包括引用部分和限定部分,撰写规定主要包含以下两方面:①引用部分,写明引用的权利要求的编号及其主题名称;②限定部分,写明发明或者实用新型附加的技术特征。从属权利要求只能引用在前的权利要求。引用两项以上权利要求的多项从属权利要求,只能择一方式引用在前的权利要求,并不得作为另一项多项从属权利要求的基础。

4. 请求书

外观设计专利的申请书基本要求同发明和实用新型专利申请书要求一样,同时还应当写明使用该外观设计的产品及其所属的类别。

5. 摘要内容

摘要内容应当简要地说明发明或者实用新型的技术要点,应当写明发明或者实用新型专利申请所公开内容的概要,即写明发明或者实用新型的名称和所属技术领域,并清楚地说明所要解决的技术问题、解决该问题的技术方案的要点以及主要用途。摘要内容可以包含最能说明发明的化学式,如有附图的专利申请,还应当提供一幅最能说明该发明或者实用新型技术特征的附图。附图的大小及清晰度应当保证在该图缩小到 4cm×6cm 时,仍能清晰地分辨出图中的各个细节。摘要文字部分不得超过 300 个字。摘要中不得使用商业性宣传用语。实用新型形式条件同发明专利要求不重复。由于外观设计难以用语言来表达,故外观设计形式条件包括请求书和图片或照片。

6. 图片或照片

外观设计专利提交的外观设计的图片或者照片,不得小于 3cm×8cm,并不得大于

15cm×22cm。同时请求保护色彩的外观设计专利申请，应当提交彩色图片或者将照片一式两份。申请人应当就每件外观设计产品所需要保护的内容提交有关视图或者照片，清楚地显示请求保护的对象。必要时应当写明有关外观设计的简要说明。简要说明应当写明使用该外观设计的产品的设计要点、请求保护色彩、省略视图等情况。简要说明不得使用商业性宣传用语，也不能用来说明产品的性能。国务院专利行政部门认为必要时，可以要求外观设计专利申请人提交使用外观设计的产品样品或者模型。样品或者模型的体积不得超过30cm×30cm×30cm，重量不得超过15kg。易腐、易损或者危险品不得作为样品或者模型提交。

二、商标分类及其构成条件

（一）我国法定商标种类

我国法定商标是指依照我国商标法所调整的商标种类，主要包含以下四个方面：①商品商标，用在商品上用以区别商品来源的显著性标志，商品的种类以我国已加入的《商标注册用商品与服务国际分类尼斯协定》为准；②服务商标，服务商标是用在商品上用以区别服务来源的显著性标志；③集体商标，集体商标是指以团体、协会或者其他组织名义注册，供该组织成员在商业活动中使用，以表明使用者在该组织中成员资格的标志；④证明商标，指由对某种商品或者服务具有监督能力的组织所控制，而由该组织以外的单位或者个人使用于其商品或者服务，用以证明该商品或者服务的原产地、原料、制造方法、质量或者其他特定品质的标志。

依据《中华人民共和国商标法》第11条：不授予商标专用权的商标种类包括：①商品的通用名称、图形、型号的；②仅仅直接表示商品的质量、主要原料、功能、用途、重量、数量及其他特点的；③缺乏显著特征的。所列标志经过使用取得显著特征，并便于识别的，可以作为商标注册。而且以三维标志申请注册商标的，仅由商品自身的性质产生的形状、为获得技术效果而须有的商品形状或者使商品具有实质性价值的形状，不得注册就相同或者类似商品申请注册的商标是复制、模仿或者翻译他人未在中国注册的驰名商标，容易导致混淆的，不予注册并禁止使用。就不相同或者不相类似商品申请注册的商标是复制、模仿或者翻译他人已经在中国注册的驰名商标，误导公众，致使该驰名商标注册人的利益可能受到损害的，不予以注册并禁止使用。

（二）商标的构成条件与程序

1. 商标的构成条件

商标主要是由文字、图形或文字与图形结合构成的具有显著性特征的标志。音响、气味、立体造型、色彩等要素，都可以用作商标。《与贸易有关的知识产权协议》第十五条对商标的要求是：任何能够将一企业的商品或服务与其他企业的商品或服务区分开的标记或标记组合，均应能够构成商标，这类标记，尤其是文字（包括人名）字母、数字、图形要素、色彩的组合，以及上述内容的任何组合，均应能够作为商标获得注册。即使有的标记本来不能区分有关商品或服务，成员亦可依据其经过使用而获得的识别性，确认其可否注册。成员可要求把"标记应系视觉可感知"，作为注册条例。成员可将"使用"作为可注册的依据，但不得将商标的实际使用作为提交注册申请的条件，不得仅因为自申请日起满3年期内不主动使用而驳回注册申请。因此，"标记应系视觉可感知"可见商标必须是可见的，而不是可听或可嗅的，对于后两种标记，如果一个企业能对这种标记确立必要的信誉，则它们可以通过反假冒或不正当竞争的法律获得保护。"通过对商标权的概念进行界定，可以发现其制度构造与物权除了在客体上有所区别，其他方面都高度相似。"①

商标的构成实体内容包括：①现有单词；②随意或想象的名称；③姓名；④口号；⑤字母、图片或标记；⑥立体商标。

2. 商标注册的形式条件

（1）一般商标注册申请必须具备的形式文件。办理一般商标注册申请必须具备的形式文件包括：①《商标注册申请书》1份，委托商标代理组织代为办理的，还应提交《商标代理委托书》1份。商标注册申请人应依照《商标注册用商品或服务国际分类表》具体、规范地填写商品名称和服务项目，同时还应填写商品用途和主要原料。②商标图样10张（指定颜色的彩色商标，应交着色图样10张，黑白墨稿1张）。③提交企业《营业执照》副本或经发证机关签章的《营业执照》复印件，申请填报的商品或服务项目不得超过核准登记的经营范围。④集团公司或跨国公司如果要以申请人的名义注册某一商标，如其登记的《营业执照》注明经营范围包括其下属子公司或分公司的营业范围，可以提供下属公司的《营业执照》复印件。直接到商标局办理商标注册申请的，还应提交：经办人身份证复印件、企业介绍信、企业《营业执照》复印件，同时出示《营业执照》副本原件或提交经发证机关签章的《营业执照》复印件。

① 钟文渊. 商标权善意取得的法理基础与构成要件 [J]. 中华商标，2022（2）：70.

（2）特殊行业商标申请必须具备的形式文件。国家商标主管机关规定必须使用注册商标的人用药品和烟草制品以及一些特殊行业或特殊商品的商标注册申请，除了提交上述一般文件，还要提交下列文件。

第一，办理人用药品、医用营养食品、医用营养饮料和婴儿食品等商标注册申请时，应附送卫生行政部门发给的证明文件，即《药品生产许可证》或者《药品经营许可证》；还未取得以上两证的药品生产经营企业，持卫生行政部门出具的同意成立药品生产或经营企业的批复文件，也可提出商标注册申请；办理人用消毒剂商标注册申请时，应附送卫生防疫部门的证明；外国申请人申请时，也必须提交其所属国卫生行政部门出具的相应证明文件。

第二，提交卷烟、雪茄烟和有包装烟丝的商标注册申请，应当附送国家烟草主管部门批准生产的证明文件。

第三，办理集体商标和证明商标注册申请还应提交集体商标、证明商标的申请人主体资格证明和商标使用管理规则。办理证明商标注册申请时，同时还应提交有关主管部门出具的说明申请人生产该种商品或提供该项服务的特定品质及其所具备的检测和监督能力的证明文件。所谓主体资格证明，指依法登记并具有法人资格的工商业团体，即具有法人资格的企业、事业单位、协会及其他团体组织的证明文件。主管部门是指中央或省级的业务主管部门。外国申请人也应提交主体资格证明和相应的主管部门的证明文件，并附送中文译本。集体商标的使用管理规则应包括集体商标的宗旨、成员、条件、手续、商品或服务质量，及集体成员的权利、义务和违反该规则应承担的责任；证明商标的使用管理规则包括使用证明商标的宗旨、条件、手续、商品或服务的特定品质和特点，以及使用证明商标的权利义务和违反该规则应承担的责任。

第四，用报纸、杂志名称作为商标申请注册的，应当提交新闻出版署（局）发给的全国统一刊号（CN）的报刊登记证。

第五，用人物肖像作为商标申请注册的，必须提供肖像权人授权书并经公证机关公证。

第六，外国申请人要求优先权的，须在申请书上填写初次申请国、初次申请日期及申请号，并在三个月内向商标局提交优先权证明文件，逾期不提交证明文件的，其优先权请求无效。

三、作品分类及构成条件

（一）著作权法保护的作品分类

确立《中华人民共和国著作权法》保护的作品种类是《中华人民共和国著作权法》的前提。各国著作权法在表述上通常采用两种划分方式：①按作品性质分类，如法国采用的分类方法，作品分为书籍、会议报告等；②按作品表达分类，如美国采用的方法，作品分为文字、音乐、戏剧等。我国采用第二种分类法，即采用作品的表达分类方法。《中华人民共和国著作权法》第三条：将《中华人民共和国著作权法》保护的作品，分为先总后分的归纳方式。作品分为文学、艺术、自然科学、社会科学、工程技术五个层面，文学下可分为口述作品、文字作品、音乐作品、曲艺作品等，主要包含以下方面。

1. 口述作品

口述作品指即兴的演说、授课、法庭辩论等口头创作的作品。口述作品成为著作权客体是因为其内容具有独创性。即兴的文学创作、表演、谈话也是一种智力创作。

2. 文字作品

文字作品指小说、诗歌、散文、论文等以文字形式表现的作品。文字包括自然语言文字和人工语言文字。自然语言文字包括各民族的语言文字、速记符、电信符号等；人工语言文字，如 Basic 语言文字、C 语言、盲文文字等。

3. 音乐作品

音乐是一种特殊的艺术，是有组织的乐音构成所表达的艺术形象，反映社会生活和人们的情感。音乐以人声与乐器声为材料，并有自己特有的表现手段，如和声、配器、复调等。音乐作品只能通过声乐的比拟在联想中达到描绘目的。音乐大体分为两类：一类是声乐，包括高音、低音、中音；另一类是器乐，如弦乐、管乐、打击乐、键盘乐等。因此产生的作品也有两类：声乐作品和器乐作品。音乐有时也用模拟自然声音的手法，使欣赏者产生比较具体、确定的联想，如模拟鸟鸣、流水、惊雷等。例如，唢呐曲《百鸟朝凤》是艺术创造，但是如果简单机械地录制自然界的鸟语、涛声、雷声，没有任何艺术加工，也就不能构成《中华人民共和国著作权法》所说的音乐作品。音乐作品既可以带词，也可以不带词。

4. 曲艺作品

曲艺作品指相声、快书、大鼓、评书等以说唱为主要表演形式的作品。曲艺是各种说唱艺术的总称，以带有表演动作的说唱来述说故事、塑造人物、表达思想感情、反映社会生活。根据曲艺的音乐曲调、语言、起源地点、流行地区等特点可以将其分为：扬州评话、山东琴书、相声、河南坠子、京韵大鼓、苏州弹词、好来宝、四川清音等。

5. 戏剧作品

戏剧作品指话剧、歌剧、地方戏曲等供舞台演出的作品。戏剧根据表演手段，可以分为话剧、歌剧、轻歌剧、戏曲、诗剧、舞剧；根据戏剧性质，可以分为正剧、悲剧、喜剧、悲喜剧；根据戏剧的容量，可以分为多幕剧、独幕剧。

6. 舞蹈作品

舞蹈作品指通过连续的动作、姿势、表情表现思想情感的作品。例如，孔雀舞、伦巴、探戈、华尔兹、恰恰等现代舞，古典舞、霹雳舞、鼓舞等，都是舞蹈作品。

7. 杂技作品

杂技作品是指杂技、魔术、马戏等通过形体动作和技巧表现的作品。杂技是中国特有的艺术形式，指各种技艺表演如杂耍、口技、顶碗、走钢丝、狮子舞、魔术等。

8. 摄影作品

摄影作品指借助器械在感光材料上记录客观物体形象的作品，摄影艺术是一门比较年轻的艺术。摄影作品应强调其艺术创造性。没有艺术创造的摄影不能成为《中华人民共和国著作权法》保护的客体。摄影作品一般分为：动物摄影、静物摄影、风景摄影、人像摄影、新闻摄影。摄影作品必须和摄影人的智力和劳动力相联系。

9. 美术作品

美术作品是指绘画、书法、雕塑等以线条、色彩或者其他方式构成的有审美意义的平面或者立体的造型艺术作品。美术的主要特征是造型，美术作品主要包括以下四方面。

（1）绘画作品。绘画作品是艺术作品的主要形式，其种类繁多，是人们的价值观念、审美情趣、意识形态、爱与恨等多种情感以及对世界的理解等在画中的凝固。按照使用的绘画工具、材料可以将绘画作品分为：中国画、油画、版画、水彩画、水粉画、色彩画等；按其表现对象可以分为：肖像画、风俗画、风景画、静物画、历史画；按作品的载体形式，绘画作品分为：壁画、连环画、宣传画、漫画等。每一种工具、材料、表现形式所表现的作品，都是绘画作品。绘画是我国近年来要求保护呼声较高的一类作品。

（2）书法作品。传统书法作品是指用毛笔书写汉字而产生的作品。对于书法作品达到哪种水平，达到何种标准，《中华人民共和国著作权法》没有规定。随着书法艺术的发展，书法作品已扩大到钢笔、圆珠笔等硬笔作品领域。书法家在执笔、运笔、字体笔画的写法、字的间架结构以及书面布局等方面凝结了创造性劳动，书法作品有很强的欣赏、装饰、收藏价值，因而，书法作品是受法律、行政法规保护的重要对象。

（3）雕塑作品。雕塑作品是运用雕、刻、塑三种制作方法制作的立体作品的总称。各种可塑可刻的材料，如黏土、石、木、玉石、金属、冰等都可以成为雕塑作品的载体。雕塑作品有很强的艺术感染力，秦始皇兵马俑被认为是世界八大奇迹之一。雕塑的体裁有纪念性雕塑（庄重、严肃）、建筑装饰雕塑（典雅、古朴）、园林雕塑（活泼、轻快）。雕塑作品一般分为圆雕和浮雕两种形式。

（4）建筑艺术作品。建筑作品是指以建筑物或者构筑物形式表现的有审美意义的作品。大多数国家都在法律、行政法规中把建筑艺术作品作为著作权法保护的对象。但是是保护建筑物本身还是保护设计图模型，各国法律回答不一致。《中华人民共和国著作权法》中没有明确限定。一般认为保护的是建筑物设计图，而不是建筑物本身。在《保护文学和艺术作品伯尔尼公约》第一条第一款中，建筑作品是单独列出来的，一般指关于建筑的艺术和技术，用以满足人类实用和表现的需要。建筑中的表现，即在性质和意义的表达，建筑的功能与技术通过表现而转化，建筑作品既含有科学技术作品的成分，又有美术艺术作品的成分。

10. 电影作品

电影作品和以类似摄制电影的方法创作的作品，是指摄制在介质上，由一系列有伴音或者无伴音的画面组成，并且借助适当装置放映或者以其他方式传播的作品。电影作品通常分为四类：①故事片，含舞台艺术片；②美术片，含动画片、木偶片、剪纸片；③科学教育片；④纪录片。

11. 图形作品

图形作品是指为施工、生产绘制的工程设计图、产品设计图，以及反映地理现象、说明事物原理或者结构的地图、示意图等作品。工程设计指为施工和生产绘制的图样及其图样的说明，这是实用性的客体，这种设计图有时可受多种法律调整。《中华人民共和国著作权法》保护这类作品的表达形式，并不保护按照工程设计、产品设计图纸及其说明进行施工、生产的工业品。地图是按照一定数学规则，运用符号系统和地图制图综合原理，表示地面上各种自然现象和社会经济现象的图。地图是一种特殊的作品，故地图的编制出版管理有一套严格的审批制度，没有审批的地图一律禁止出版或再版。地图一般分为普通地图、专业地图。专业地图包括地质图、水文图、土壤图、医药图、气候图、交通图、人口图、游览图。根据用途来分，地图可以分为航海地图、航空地图、教学图、工程技术图；

根据区域来分，地图可以分为世界地图、分洲地图、国家地图、省区地图。示意图是为了说明内容较复杂的事物的原理或具体轮廓而绘成的略图，即只是大概意图的突出，主题一目了然，如公园游览图、招待所平面图、交通示意图、线路示意图。

12. 计算机软件

计算机软件是相对于如电子的、电磁的、机械硬件而言的。计算机软件包括程序和文档。计算机软件是知识密集型产品，开发时难度大、投资高，但开发成功后很容易复制且复制的成本较低。

13. 模型作品

模型作品是指为展示、试验或者观测等用途，根据物体的形状和结构，按照一定比例制成的立体作品。与《保护文学和艺术作品伯尔尼公约》中地图、建筑或科学有关的立体作品提法是一致的。

14. 民间艺术品

民间艺术品是世代相传、长期演变、没有特定归属、反映某一社会群体文学艺术的特殊作品。民间艺术品不受时效限制。民间艺术作品是民间集体智慧的结晶，经过了长期的积累、淘汰、筛选，形成了一类特殊的作品，其享有著作权。对民间艺术品的著作权保护，由国务院另行规定。

15. 法律、行政法规规定的其他作品

法律、行政法规规定的其他作品是《中华人民共和国著作权法》中的后续条款，随着科技发展，一些新作品问世，传统的法律无法容纳，人们多数采用单行法加以规定。

（二）著作权法保护作品的构成条件

1. 作品的合法性

作品必须以特定形式表达出来，这种内容必须符合法定要求，该法定要求分为内容要求和形式要求。按是否合法分为合法作品和违法作品；按照对作品的限定又分为禁止作品和限制作品。禁止作品是指国家法律明文规定不能出版与传播的作品；限制作品是指不授予专有著作权保护，但可以传播的作品。

2. 作品的独创性

作品必须是智力创作的成果。智力也称智慧，是人们运用已有的知识、认识、观察世界解决问题的能力。智力创作就是凭自己的智慧创作出区别于他人的作品，只要作品是创

作人智力劳动的结晶，就可判定该作品具有独创性。在作品创造过程中，选题、构思、写作等环节均具有独创性。作品的独创性有许多表现，主要包含以下五方面。

（1）原来没有的，通过创作完成的新作品。其通常被称为原创作品。例如，莎士比亚的《罗密欧与朱丽叶》，莫扎特的《安魂曲》，贝多芬的《土耳其进行曲》《第五交响曲》《英雄交响曲》《田园交响曲》等不朽名作，都是原创作品。

（2）原来既有的主题经不同形式的创作产生的作品。其通常被称为改编。例如，《梁祝》既可以用小提琴演奏，又可以用二胡演奏，还可以通过越剧、京剧、黄梅戏等表现，它们都是作品。

（3）对同一作品进行演绎创作的作品。翻译、改编、注释等演绎形式也是一种智力劳动，通过改编也能产生新的作品。

（4）对已存在作品进行编辑、选编、汇编而形成的新作品。

（5）对民间文学记录、整理而成的作品。将民间故事如《白蛇传》《狼外婆》《牛郎织女》等，传说如《鲁班》《孟姜女》等，神话如盘古开天辟地、女娲补天等，口头传说及童话、谚语、笑话、谜语、民歌、童谣、说书史诗等民间文学作品经过历代改编而成的作品，也具有独创性，是《中华人民共和国著作权法》意义上的作品。

3. 作品的实用性

作品的实用性即作品的内容能满足社会的某种需要，主要包括：①有利于社会进步的作品，指合法、健康的作品，那些宣传腐朽思想、封建迷信之类的作品虽具备实用性，但不具备健康的要求。②能满足人们的某种需要。人们的需要具有不同的层次，有的是政治见解；有的是表达情感的，如诗歌、散文；有的是满足人们欣赏需要的，如美术作品；有的是娱乐需要，如舞蹈作品；有的是满足商业上的需要，如产品介绍；有的是满足人们收藏的需要，如有历史价值的邮票等。

4. 作品的物质性

作品的物质性即物质表达性。独创性作品必须用特定的形式表达出来，才能产生感觉、听觉、视觉，否则只能是构想、程序、过程、系统、操作方法、概念、原理、发现等。著作权只要求作品的表达形式，而不涉及作品的内容，尽管《中华人民共和国著作权法》不保护思想观念、概念或原理，但各国法律几乎都规定了保护具有特定内容的作品。

四、商业秘密分类及构成条件

(一) 商业秘密的分类

商业秘密权的取得与专利权、商标权的取得根本不同，商业秘密的内在表现形式多样，内容具有不可穷尽性。商业秘密在事实上的独占权主要凭借权利人保守秘密并维持。商业秘密与知识产权不可分割。技术秘密与专利密切相关。商业秘密产生和存在的历史早于专利制度。根据商业秘密保护的理论和实践，商业秘密的分类主要包含以下两方面。

1. 技术秘密

技术秘密即狭义的商业秘密，指应用于工业目的的没有得到专利保护的、有限的人所掌握的技术知识。按照《中华人民共和国技术引进合同管理条件例施行细则》的规定，它是指未公开过，未采取工业产权法律保护的，以图纸、技术资料、技术规范等形式提供的制造某种产品或者应用某项工艺以及产品设计工艺流程、配方、质量控制和管理方面的技术知识。技术秘密也被称为非专利的技术，从它与专利技术的关系上讲包括：未申请专利的技术、未授予专利权的技术、《中华人民共和国专利法》规定不授予专利权的技术。

2. 经营性与管理性秘密

经营性与管理性秘密包括经营秘密和管理秘密。经营秘密指与经营者的采购、金融、销售、投资、财务、人事、组织等经营活动有关的部门信息情报，如企业投资方向、投资计划、资信状况、财务收支、产品定价、推销计划、推销手段、进货渠道、销售渠道、客户名单等；管理秘密包括如企业组织机构的变更计划、企业人员改组调配计划、管理经验、管理模式等具有管理性质的情报信息。

(二) 商业秘密的构成条件

秘密性是商业秘密得以存在的关键，是商业秘密受到法律保护的事实基础。商业秘密是以其秘密状态维护其经济价值和法律保护的条件。一项为公众所知、可以轻易取得的信息，无法借此享有优势，法律也无须给予保护；一项已经公开的秘密，对其拥有人而言已经推动了竞争价值，同样也就不再需要法律上的保护。因此，商业秘密的秘密性条件是指"不为公众所知悉，权利人采取了保密措施"这两个方面的统一。商业秘密的构成条件主要包括以下三方面。

1. 秘密性

不为公众所知悉意味着，商业秘密只能是在一定范围内由特定人或少数人所掌握和知晓的技术或商务信息。众所周知的、常识性的知识信息不能称为秘密，彻底泄露、公开的事实也不能作为秘密。不为公众所知悉，即不为人知。对于公众的理解，应当与《中华人民共和国反不正当竞争法》（以下简称《反不正当竞争法》）所调整的主体——竞争者相联系。《反不正当竞争法》调整的是同一行业领域内竞争者之间的竞争行为。因此，这里的公众并不是泛指社会上不特定的多数人，而主要指该信息应用领域的竞争者，即同业竞争者。公众在地域上的范围也是与同业竞争者相联系的。由于我国的地域辽阔，不同地区经济文化、科学技术的发展很不平衡，有的技术在沿海地区和经济发达地区早已推广应用成为公知技术，而在一些边远地区和经济欠发达地区可能还鲜为人知，属于先进技术。秘密性的地域范围并不是像专利发明的新颖性那样，有一个固定的范围标准，它完全可以以局部较小范围为界限。只要该商业秘密在其应用区域内不为公众所知悉就具有秘密性。

秘密性的另一个含义是指对这些信息在主观上有保密意识，客观上采取了适当的、合理的保密措施。保密措施包括订立保密协议、建立保密的规章制度，并对这些措施予以合理实施。保密性的客观存在，使得竞争对手必须采取不正当的手段，通过非公开、非正当的渠道获取商业秘密。衡量附加知识信息是否具有秘密性，不能认为只要它失密了，被他人以不正当手段取得了，就对其秘密性加以否定。只要采取了合理的、适当的保密措施，而对第三人的不正当手段造成了秘密性的丧失，法律对商业秘密所有人由此而造成的损害予以保护，并对侵犯商业秘密的行为予以制裁。

2. 独特性

商业秘密中"不为公众所知悉"的秘密性特征，含有一个隐形的技术要求，即独特性，或称为新颖性。独特性条件要求作为商业秘密的技术信息和经营信息应当具有一定程度的难知性、非显而易见性，即该技术秘密或者商务信息达到了一定的技术高度或具有一定难度，无论所属技术领域的普通技术人员还是同行业竞争者，不经过一定的努力是无法从公开渠道直接获取的。如果某项技术秘密其技术含量和难知度很低，即它的内容是显而易见的，所属技术领域的一般技术人员可以通过观察、总结、联想而无须花费太多精力就可以得到，则该项技术秘密的价值性和秘密性就值得怀疑。经营信息的非显而易见性标准有所不同。经营信息属于情报资料、经验、技巧之类的信息，这些信息中有不少来源于公有领域。但如果经过特有的收集积累、整理加工、归纳总结而将公有领域的东西形成特有的、其他竞争者不付出一定的劳动和努力得不到相同或近似结果，这些情报信息就构成商业秘密。

3. 价值性

价值性是指该项技术信息或经营信息具有可确定的应用性，能够为权利人带来现实的或者潜在的经济利益或者竞争优势。具有确定的应用性，这是实现商业秘密价值性的必然要求。一项商业秘密必须能够用于制造或者使用，否则它不能构成商业秘密。实用性条件要求技术信息、经营信息具有确定性，它应该是个相对独立完整的、具体的、可操作的方案，而不是零星的知识、经验，也不应是处于纯理论阶段的原理、概念等范畴。实用性还体现在，商业秘密必须有一定的表现形式，如一个化学配方、一项工艺流程说明书和图纸、制造产品的技术方案、企业管理档案等。

实用性并非要求某项商业秘密已在实际中应用，而只要求其满足应用的现实可能性。具有实用性能够为权利人带来经济利益，这是给予商业秘密法律保护，禁止以不正当手段侵犯商业秘密的价值所在。对经济利益的追求是权利人取得商业秘密并努力维护所享有的商业秘密权的内在动力。商业秘密的权利人在开发研究商业秘密的过程中，已有明确的工业化或商业化目标，是出于谋求经济利益的考虑。从商业秘密的实施利用结果而言，权利人因使用了自己所掌握的技术秘密或商务信息在市场竞争中取得了优势地位。例如，能够取得降低产品成本、提高产品质量、节约资源和能源消耗的经济效益或能够实现保护环境、减少污染、实行安全生产、加强劳动保护的社会效益等，这些都可以使权利人在市场竞争中处于更加有利的地位，从而创造更多的利润。

第三章 知识产权的著作权、专利权与商标权

第一节 知识产权的著作权

一、著作权的取得

著作权的取得指的是作品创作完成后，是否需要附加其他条件或者履行法律规定的程序才能获得著作权。法律对作品的要求或者说著作权取得的实质条件，即法律以作品的产生为取得著作权的唯一法律事实，有的国家要求用载体以固定。著作权取得的实质条件，指作品完成后是否附加条件而享有著作权。著作权的取得需要符合以下三个原则。

（一）无手续原则

无手续原则又称为自动取得原则。按照此种原则，作品自创作完成便自动获得著作权，无须履行任何手续。这种方式下，作品创作的完成是一个关键的时间点，包括全部完成和部分完成，只要一件作品能够表达作者一定的思想和感情，具有最小的独创性，不违反法律的禁止性规定，就可以认定为完成。自动取得原则，简单方便，保护水平高，作品一旦完成，不会因为任何客观因素而丧失著作权，能够很好地保护著作权人的利益。自《保护文学和艺术作品伯尔尼公约》确定以来，为世界大多数国家所采用。我国实行的是自动取得主义，既不需要登记，又不需要加注版权标记，著作权自作品创作完成之日起产生。

（二）登记取得原则

登记取得原则要求作品创作完成后，必须到著作权管理部门进行登记方能取得著作权。在我国，有著作权登记事务，国家也鼓励著作权登记，但并不以登记作为获得著作权的条件，而是作为著作权确权的证明手段。对比较重要且预计会产生较好的经济效益或容易发生侵权的作品如计算机软件等，登记是比较好的作品权属证明。软件著作权人可以向

国务院著作权行政管理部门认定的软件登记机构办理登记。发放的登记文件是登记事项的初步证明。

（三）加注版权标记取得原则

加注版权标记取得原则实际上是一种有条件的自动保护方式，做法是加注版权标记取得。美国版权法采用此原则，《世界版权公约》也予以认可，按其规定著作权标记包括三项内容：①不许复制、著作权保留、著作权所有等声明；②著作权人的姓名或名称及其缩写；③作品的出版发行日期。由于加注著作权标记简单易行，又是取得著作权的初步证据，因此，即使在采取自动保护原则的国家，人们也广泛采用此方式。

二、著作权的许可使用

著作权许可使用是指著作权人将其作品许可他人在一定的地域和期限内以一定方式使用的法律行为。著作权人称为许可人，被许可使用作品的人称为被许可人，这是著作权人实现著作权的财产权价值的主要方式。

（一）著作权许可的分类

1. 专有许可使用

专有许可使用又称为独占许可使用，指著作权人将该作品仅许可给一个被许可方使用，排斥包括著作权人在内的一切人以该方式在约定的期限和地域范围内使用该作品。独占许可使用有以下特性：①要式性。除报社或期刊社对作品的刊登外，应采取书面方式。②禁止分许可。原则上被许可人不得再向第三人发放许可证，理由在于本质上著作财产权的许可以信赖关系为基础，不涉及第三人。③被许可人权利受到侵害时，可以自己名义独立提起诉讼，无须著作权人协助。④可以向著作权行政管理部门备案，以作为发生纠纷时的证据使用。⑤其他许可方式被许可方需支付更高额的费用。

2. 独家许可使用

独家许可使用又称为排他许可使用，是指著作权人不能再许可任何第三方在约定的期限和地域范围内使用该作品，著作权人自己仍有权使用该作品。排他许可使用的特点包括：①要式法律行为，应当签订许可合同；②在发生侵权行为时，被许可人可与著作权人共同提起诉讼，著作权人不提起诉讼时，被许可人可以以自己的名义独立提起诉讼，被许可方需支付的费用少于独占许可，高于普通许可。

3. 普通许可使用

普通许可使用，指著作权人自己有权使用，也可以再许可第三人使用许可给被许可人在约定的期限和地域范围内使用该作品。一般理解，普通许可方式具有以下特点：①非要式法律行为，无论书面或者口头方式，明示或者默示，均发生法律效力，当然单纯的沉默不构成默示许可；②在当事人的诉讼地位上，除经著作权人明确授权外，被许可人原则上不能提起诉讼；③由于被许可方拥有的权利最小，因此相比前两种许可方式须支付的费用也最少。

（二）著作权许可的内容

著作权许可使用一般通过合同进行。常见的著作权许可使用合同包括图书出版合同、报刊刊登作品合同、表演许可合同、翻译许可合同、汇编许可合同、展览许可合同等。合同的成立与生效要件适用《中华人民共和国合同法》的相关规定。根据《中华人民共和国著作权法》的规定，许可使用合同包括以下主要内容。

第一，许可使用的权利种类。这是指许可使用作品的方式，如许可复制、发行、翻译、改编、整理、汇编等，可以许可一种使用方式，也可以许可多种使用方式。

第二，许可使用的权利是专有使用权或者非专有使用权。专有使用权指被许可人获得的是对作品的独占性的使用权，在许可期限与地域内包括许可人在内的任何人不得以与许可相同的方式使用作品，即独占许可。非专有使用权，指被许可人获得了作品的许可使用权，但不是独占性的，同时在许可期限与地域内许可人和其他被许可人都可以相同方式使用作品，一般指普通许可。依据《中华人民共和国著作权法实施条例》第23条，专有使用权许可合同应当采取书面形式订立（报社、期刊社刊登作品除外），而非专有使用权许可则不必。

第三，许可使用的地域范围、期间。这是被许可人行使权利的空间限制与时间限制，如作品的发行范围、可以表演的范围、可以播放的范围等。

第四，付酬标准和办法。《中华人民共和国著作权法》规定，使用作品的付酬标准可以由当事人约定，也可以按照国务院著作权行政管理部门会同有关部门制定的付酬标准支付报酬。当事人约定不明确的，按照国务院著作权行政管理部门会同有关部门制定的付酬标准支付报酬。付酬方法一般包括一次支付、分期支付、"版税"式支付，即按作品制作量或发行量提成等。

第五，违约责任。这是约束双方遵守合同的条款，可按《中华人民共和国合同法》约定违约金等责任。

第六，双方认为需要约定的其他内容，起到一个兜底性的作用，如争议解决方式、作品交付方法、期满相关事务处理等均可。

(三) 著作权许可的特殊形式

著作权具有排他性，使用者要使用著作权人的作品，行使专属于著作权人的权利，除非法律规定的合理使用或法定许可等特殊情形，必须事先征得著作权人的许可。但很多情况下，著作权人很难与使用人进行直接交易。一方面，使用者常常难以联系到著作权人或者由于著作权人众多，单独联系的成本较高；另一方面，著作权人也很难控制自己的权利未经许可被他人使用。为提高著作权许可与使用的效率，双赢的办法是建立一个专门的、能够代表著作权人的组织中介来统一发放许可和收取许可使用费。经过实践探索，人们创设了集体管理组织，在著作权人的授权下，集中行使著作权、收取许可费并进行相关维权活动，从而使集体管理成为著作权许可的特殊形式。

著作权集体管理是指著作权集体管理组织经权利人授权，集中行使权利人的有关权利并以自己的名义进行相关活动。经授权进行著作权集体管理的组织被称为著作权集体管理组织。

三、著作权的转让与继承

(一) 著作权转让的特征

著作权转让是著作权人（出让人）将作品著作财产权有偿转移给他人（受让人）的法律行为。著作权转让也是著作权人利用著作权创造价值的重要方式。著作权转让具有以下三个特点。

第一，要式性。著作权转让合同应当以书面形式订立，如果是中国公民、法人或者其他社会组织向外国人转让软件著作权的，还应遵守《中华人民共和国技术进出口管理条例》。

第二，著作财产权的转让并非作品原件的转让。著作财产权的转让并不导致作品载体所有权的转移，但美术作品例外，《中华人民共和国著作权法》规定，美术作品原件所有权的转移，不视为作品著作权的转移，但美术作品原件的展览权由原件所有人享有。

第三，著作权的转让与著作权许可使用存在显著的区别，主要体现在：①著作权许可使用不改变著作权的归属，被许可人只是获得作品的使用权，而著作权转让使著作权人发生改变，受让人替代原著作权人享有相应的著作财产权；②著作权转让后著作权人将永久不再享有著作权，也没有转让区域的限制，而许可使用则是著作权在特定区域的临时转移。

（二）著作权转让合同的要求

《中华人民共和国著作权法》规定，著作权转让应当订立书面合同，合同包括下列主要要求：①作品的名称；②转让的权利种类、地域范围；③转让价金；④交付转让价金的日期和方式；⑤违约责任；⑥双方认为需要约定的其他内容。根据《中华人民共和国著作权法》规定，许可使用合同和转让合同中著作权人未明确表示许可、转让的权利，未经著作权人同意，另一方当事人不得行使。

（三）著作权的继承

按照《中华人民共和国继承法》的规定，著作人身权不能作为继承的标的。由于著作权法规定署名权、修改权和保护作品完整权不受时间限制。同其他财产权一样，在权利人死亡以后，著作财产权可以依照《中华人民共和国继承法》由权利人的继承人继承；在法人或其他组织权利人变更、终止以后，由相关组织或自然人依法继受。无人继承或继受的著作权，归国家享有，由国务院著作权行政管理部门管理。

关于作者生前未发表的作品，根据《中华人民共和国著作权法实施条例》的规定，如果作者未明确表示不发表，作者死亡后 50 年内，其发表权可由继承人或者受遗赠人行使；没有继承人又无人受遗赠的，由作品原件的所有人行使。

关于合作作品，根据《中华人民共和国著作权法实施条例》的规定，合作作者之一死亡后，其对合作作品享有的权利无人继承又无人受遗赠的，由其他合作作者享有。

四、著作权的其他利用

（一）著作财产权的担保

著作财产权因为具有财产价值，故如同物一样可以用以设定债的担保。著作财产权的担保方式采取设定质权的方式实现。以著作权中的财产权出质的，应当订立书面合同，并到登记机关进行登记，著作权质权的设立、变更、转让和消灭，自记载于《著作权质权登记簿》时发生效力。设定质权的具体操作方式可参照《中华人民共和国担保法》及其《中华人民共和国担保法实施条例》与相关司法解释。

（二）著作财产权的信托

著作财产权的信托是指著作权人将著作权转让或以其他方式托付给受托人，由受托人以自己的名义按照著作权人的目的对作品进行管理并按约定支付报酬的行为。在信托关系中，受托人必须按照信托目的行使著作权，以保障在信托关系中向信托人承担的义务。信托在国外比较流行，著作权集体管理可以被认为是这种利用方式。

（三）破产财产

债务人因资不抵债时，自己申请或法院依法宣告其破产，经过清算组织清算后，债权人能从债务人方面获得的清偿债务的全部财产就是破产财产。在债务人破产以后，如果债务人还有著作财产权，该项权利也可以成为破产财产的组成部分。

（四）离婚时夫妻共同财产

夫妻在婚姻关系存续期间所得的知识产权收益归夫妻共同所有，另有约定的除外。换言之，除非另有约定，离婚时著作财产权应当作为夫妻共同财产对待。

（五）强制执行的对象

强制执行即用强制方法实现确定判决的内容。依据具有强制力的刑事或民事判决，如果被执行人享有著作财产权，则该权利也可作为强制执行的对象。基于对著作人身权的尊重和保护，未发表作品的著作权不能作为强制执行的对象。

五、著作权的限制

著作权制度有利于激励作者创造和促进邻接权人积极传播作品，与此同时，著作权制度也可能造成作品等信息的流转不畅乃至垄断。因此，著作权法应该合理平衡权利人利益和社会利益，在赋予著作权人和邻接权人广泛而充分的权利时，也要考虑社会公众正当利用作品的需求，对著作权进行必要的限制。对于著作权的限制，一般遵循以下原则：①法定原则，即对著作权的限制程度、范围等都只能由法律直接规定；②公平原则，即要处理好限制的"度"的问题，既要防止"个人利益至上"观点，也要避免"公共利益至上"倾向；③不与作品的正常利用相冲突的原则，即不得损害著作权人正常利用所应获得的合法利益。对著作权的限制措施主要包括著作权的法定期限、合理使用、法定许可和强制许可制度等，当然广义上讲著作权的保护期限规定实际上也是一种对著作权的限制。

（一）著作权的法定期限

著作权的期限是对著作权的一种限制，是协调著作权人和社会公共利益的结果。在这一期限内著作权人的专有权受到法律的保护，期限一旦届满，则进入公有领域，任何人都可以自由、免费地加以使用。著作权期间的计算方法有两种立法例：①死亡起算主义，即著作权的期间为作者终生加死后若干年，终止日期并非作者死亡的确切时间，而是从死亡之年年末或翌年年初计算；②发表起算主义，即与作者的生死无关，著作权期间为作品发表之年年末或翌年年初起的若干年内。我国著作权法规定，兼采两种立法例。著作权自作品创作完成之日起产生，著作权的保护期限，因权利类型、作者性质、作品类别不同而有所区别。

1. 发表权与著作财产权

对于发表权和著作财产权的保护，一般情况下，自然人作品保护期为作者终生及其死亡后 50 年。特殊情况下，如果是合作作品，截止于最后死亡的作者死亡后 50 年。匿名作品或者其他作者身份无法确定的作品，在作者身份确定之前，财产权保护期为 50 年，截止于作品首次发表后 50 年。

作者身份确定之后，依照一般规则确定保护期限。法人或者其他组织的作品、著作权（署名权除外）由法人或者其他组织人享有的职务作品、电影等视听作品、摄影作品，保护期为 50 年，截止于作品首次发表后 50 年，但作品自创作完成后 50 年内未发表的，法律不再保护。所有保护期的截止日均为截止年的 12 月 31 日。已过保护期的作品，相关权利即告消灭，社会公众可以无偿使用。

需要注意的是对于发表权的期限规定，存在一个悖论：发表权一次行使完毕，何来 50 年的保护期？产生此问题的原因是立法技术的不足。对于此规定的理解应着重于后一部分，即对作品在 50 年内未发表的，权利人丧失发表权。当然，这样的规定和理解是否具有实践价值值得理论与实务界思考。

2. 发表权以外的著作权人身权

署名权、修改权和保护作品完整权等著作权人身权，保护期不受限制，永久归属于作者，这不会给社会带来不利影响，故没有保护期限限制，如果予以限制，反而是对作者人格的不尊重。但这并不意味着，作者死亡或者消灭之后还享有这三项精神权利。民事主体能够享有民事权利能力的前提是民事行为能力，而民事行为能力因其死亡而消灭。著作权法如此规定是基于公益目的的考虑。作者在生存期间，署名权、修改权和保护作品完整权由自己保护；作者死亡后，这些人身权由其继承人或受遗赠人保护；无继承人或受遗赠人的由著作权行政管理部门保护。但继承人、受遗赠人和著作权行政管理部门只能消极行使上述权利，即只能制止他人的不法行为，而不能积极行使这些权利。法人同样如此。

（二）著作权的合理使用

1. 合理使用的内涵

合理使用是指在法律规定的情况下不经著作权人许可，不向其支付报酬而对作品进行使用。关于合理使用的判断，存在多要素检验法和三步检验法等判断规则。多要素检验法即立法规定多个判断合理使用的要素，通过这些要素对某种使用作品的行为进行判断，如果都符合，则属于合理使用，否则不属于合理使用。《中华人民共和国著作权法实施条例》认可三步检验法。

合理使用是被控侵权的抗辩事由，也是作品使用人免费使用的权利界限。但是学理上对合理使用制度的性质还存在分歧，除权利限制说外，代表性的观点还有侵权阻却说、使用者权利说等。侵权阻却说认为合理使用实际上是阻却侵权的事由，从本质上讲，合理使用仍具有侵害性。使用者权利说强调权利的交互性，认为合理使用既不是对著作权的限制，也不是对著作权的侵害，相反，它本身就是使用者的一种权利。合理使用是对他人作品的一种使用方式，只是因其符合立法的公益价值才被认可为具有正当性并可对抗权利人的禁止权能，构成对权利人的一种限制；从侵权抗辩的角度讲，其也具有阻止侵权的性质，但并非使用人就取得某种权利。

2. 关于合理使用的规定

我国著作权法规定的合理使用情形包括以下几个方面。

（1）个人使用。个人使用是指为个人学习、研究或者欣赏，使用他人作品的情形。此处的"个人"仅限于使用者自己，而不能扩至第三人或家庭、单位等。也有人认为，此处的"个人"可以扩充解释为"家庭"，超出家庭范围的使用即属于侵犯他人著作权的行为。本条规定的目的是满足私人学习、研究或者欣赏需要，这种需要是极小范围的，因此对作品的使用不会给著作权人造成太大损害，而且现实生活中每个人都有与其特殊紧密关系的人分享快乐的习惯，如果将这种特殊紧密关系的人排除"个人"的范围，未免过于机械，有失法律规范的本意。因此"个人"应包括以使用者为中心的特定亲密关系范围，如家庭关系、朋友关系或同事关系，只要这种使用不是以营利为目的，对作品潜在市场不会造成明显损害即可。

（2）适当引用。适当引用指为介绍、评论某一作品或者说明某一问题，在作品中适当引用他人作品。本情形有三个适用条件：①使用目的仅限于介绍、评论某一作品或者说明某一问题；②使用方式为"引用"，其实质就是复制；③引用范围适当，所谓"适当"，指被引用的作品不能构成引用人作品的主要部分或实质部分，如果剔除被引用的作品公众不能得到任何更有价值的信息，则被引用的作品就构成了引用人作品的主要部分或实质部分。

（3）时事新闻报道中使用。时事新闻报道中使用是指为报道时事新闻，在报纸、期刊、广播电台、电视台等媒体中不可避免地再现或者引用他人作品。本情形有三个适用条件：①使用目的仅限于报道时事新闻，即单纯新闻事实报道，如果被使用作品并非单纯新闻事实报道，而是对某项新闻事件的详细报道或深度分析，则不构成合理使用；②使用主体范围为报纸、期刊、广播电台、电视台等媒体；③使用范围为报道时事新闻所必需，即不可避免地要使用相关作品才能更清楚完整地展示该时事新闻。

（4）媒体间转载或播放时事性文章。媒体间转载或播放时事性文章是指除作者有相反声明，报纸、期刊、广播电台、电视台等媒体刊登或者播放其他报纸、期刊、广播电台、电视台等媒体刊登的关于政治、经济问题的时事性文章。首先，使用主体须是报纸、期刊、广播电台、电视台等媒体。其次，适用对象为特定领域时事性文章，即其他相关媒体刊登的关于政治、经济问题的时事性文章，其他领域如文学、艺术、科学等刊登的时事性文章则不适用。时事性文章不同于时事新闻，其有一定详细程度，是关于最近发生的国内外真实事件的文章。最后，使用方式为转载，即对于其他媒体已经刊登的相关作品进行再次刊登，本质上是一种复制，当然也包括对复制后的发行，仅有复制没有意义。

限制条件是原被刊登作品的作者如果在发表作品时声明不许转载或者播放，则其他媒体不得进行转载或者刊登，否则即为侵权。本条也是关于默示许可的规定，即如果作品作者没有声明的，视为同意相关媒体转载或者刊登。此处的声明禁止的权利，只有作者享有，刊登媒体不得转载或播放的声明对其他媒体不具有约束力。

（5）媒体传播公众集会上的讲话。媒体传播公众集会上的讲话是指除作者有相反声明，报纸、期刊、广播电台、电视台等媒体刊登、播放在公众集会上发表的讲话。公众集会是指不特定多数人聚集在一起的情况。在公众集会上讲话，如果构成作品，视为作品的一种发表形式，媒体传播以文字、图像的形式再次进行传播。但本情形适用也有限制条件，即作者在讲话时声明不许刊登、播放的，媒体不得刊登、播放。

（6）课堂教学或者科研使用。课堂教学或者科研使用指为学校课堂教学或者科学研究，翻译或者少量复制，供教学或者科研人员使用。本情形有三个适用条件：①使用目的仅限于课堂教学或者科学研究，不得出于营利性目的；②使用方式限于翻译或者少量复制，其他使用方式不可，且不得出版发行翻译后的作品或者作品复制件，少量应以满足教学目的为限；③使用者为学校课堂教学人员或者学校与其他科研机构的科研人员，"教学人员"不应理解为仅指教师，也应当包括参与课堂教学的学生，如德国著作权法规定此种情形复制的量以满足一个年级使用为限。此处的"学校"，一般认为仅指公益性学校，不包括以营利为目的的私立学校、短期培训班、函授大学、广播电视大学、网络培训学校等。

（7）公务性使用。公务性使用是指国家机关为执行公务在合理范围内使用。国家机关包括立法、司法、行政和军事机关。执行公务一般指国家机关为完成法律赋予它的职责所从事的活动。

（8）馆藏性复制。馆藏性复制是指图书馆、纪念馆、博物馆、档案馆、美术馆等出于陈列或者保存版本的需要，复制本馆收藏的作品。本情形适用于特定使用主体即图书馆、档案馆、纪念馆、博物馆、美术馆等具有馆藏功能性质的社会组织，使用对象为本馆收藏的作品，使用目的限于陈列或者保存该馆藏作品，使用方式限于复制。此处的作品可以认为包括未发表的作品，但应当尊重作者的发表权，未经许可不能进行陈列。

（9）免费表演。免费表演是指未向公众收取费用，也未向表演者支付报酬的表演。本情形适用必须纯免费，表演者不能从中直接或间接获得报酬，观众也不需要为欣赏表演而付费，从立法本意而言，应指现场表演，不包括机械表演。

（10）对室外艺术品的特定使用。对室外艺术品的特定使用是指对设置或者陈列在室外公共场所的艺术作品进行临摹、绘画、摄影、录像。此种情形有两个适用条件：①使用对象须为设置或者陈列在室外社会公众活动处所的雕塑、绘画、书法等艺术作品，如果艺术品是陈列于室内甚至虽为室外但处于非对外开放的私人院落，不适用本情形；②使用方式限于对艺术品进行临摹、绘画、摄影和录像，其他方式不适用。对上述作品进行临摹、绘画、摄影、录像的人，可以对临摹、绘画、摄影、录像产生的成果以合理的方式和范围再行使用，无须征得原著作权人同意。

（11）特定作品翻译成少数民族语言文字作品并出版发行。特定作品翻译成少数民族语言文字作品并出版发行是指将中国公民、法人或者其他组织将以汉语言文字创作的作品翻译成少数民族语言文字作品在国内出版发行。此种情形具有严格的限定条件，主要包括：①作者国籍限制，必须是中国公民、法人或者其他组织已经发表的作品，不包括外国人的作品；②使用方式限制，使用仅限于翻译，不可以是其他形式；③作品文字限制，被使用的作品必须是以汉语言文字创作的作品，不包括使用其他语言文字，如藏文、俄文、蒙古文、英文等创作的作品；④出版发行地限制，翻译后的作品仅限于在国内出版发行，不得销往国外。

（12）将非盲文作品改成盲文作品并出版。将非盲文作品改成盲文作品并出版是指将已经发表的非以盲文形式表现的作品改成以盲文形式表现的作品并出版，此条款体现了对残障人士的关怀。

此外，为了适应网络的特殊性，针对作品在网络传播中合理使用问题的专门规定包括：①为介绍、评论某一作品或者说明某一问题，在向公众提供的作品中适当引用已经发表的作品；②为报道时事新闻，在向公众提供的作品中不可避免地再现或者引用已经发表的作品；③为学校课堂教学或者科学研究，向少数教学、科研人员提供少量已经发表的作品；④国家机关为执行公务，在合理范围内向公众提供已经发表的作品；⑤不以营利为目的，以盲人能够感知的独特方式向盲人提供已经发表的文字作品；⑥将中国公民、法人或者其他组织已经发表的、以汉语言文字创作的作品翻译成少数民族语言文字作品，向中国境内少数民族提供；⑦向公众提供在信息网络上已经发表的关于政治、经济问题的时事性文章；⑧向公众提供在公众集会上发表的讲话；⑨除非当事人另有约定，在不直接或者间接获得经济利益的情况下，图书馆、档案馆、纪念馆、博物馆、美术馆通过信息网络向本馆馆舍内服务对象提供本馆收藏的合法出版的数字作品和依法为陈列或者保存版本的需要以数字化形式复制的作品。

前款规定的为陈列或者保存版本需要以数字化形式复制的作品，应当是已经损毁或者濒临损毁、丢失或者失窃，或者其存储格式已经过时，并且在市场上无法购买或者只能以明显高于标定的价格购买的作品。

需要注意的是，我国著作权法对于合理使用情形采取的是封闭立法的模式，即法律法规未明确规定的，司法机关不能通过对所谓三步检验法等理论规则进行解释予以扩充，这种模式具有一定的僵化性，将来立法应予以修订，改为开放立法的模式，在保留现行成熟规定的情况下，通过规定合理使用的判断规则，发挥司法机关的司法能动性，在特殊情况下由司法机关认定合理使用，以适应变化多样的社会生活。

（三）著作权的法定许可

1. 法定许可的内涵

法定许可是指依照法律规定，行为人使用他人已发表的作品，可不必征得权利人的许可，但应向其支付报酬并尊重其他权利的一种法律制度。关于支付报酬的标准，我国国家版权局发布了《报刊转载、摘编法定许可付酬标准暂行规定》《演出法定许可付酬标准暂行规定》和《录音法定许可付酬标准暂行规定》予以指导。同时，法定许可还需要遵循以下要求：①使用的对象应当是已经发表的作品，对未发表的作品不得使用；②使用时应当指明被使用作品的作者姓名、作品名称等相关信息；③使用时不得侵犯著作权人依法享有的精神权利和其他财产权利等。法定许可方便了作品的传播者对作品的使用，避免了因寻求著作权人授权所带来的不便，既有利于作品的传播，又可以保障著作权人的经济利益，成为各国著作权法普遍推行的一种办法。另外，《中华人民共和国著作权法》对三种法定许可使用赋予了著作权人保留权，即著作权人可以通过事先声明排除法定许可的适用，这种有别于国际通行的法定许可制度，也被称为"准法定许可"。

2. 法定许可的规定

《中华人民共和国著作权法》和《信息网络传播权保护条例》规定的法定许可情形主要有以下四方面。

（1）报刊转载或摘编。《中华人民共和国著作权法》规定，著作权人向报社、杂志社投稿，作品刊登后，除著作权人声明不得转载、摘编的外，其他报刊可以转载或者作为文摘、资料刊登，但应当按照规定向著作权人支付报酬。

（2）录音制作者使用他人已经合法录制为录音制品的音乐作品制作录音制品。《中华人民共和国著作权法》规定，录音制作者使用他人已经合法录制为录音制品的音乐作品制作录音制品，可以不经著作权人许可，但应当按照规定支付报酬；著作权人声明不许使用的不得使用。

（3）广播电台、电视台播放他人作品或者已经出版的录音制品。根据《中华人民共和国著作权法》规定，广播电台、电视台播放他人已发表的作品，可以不经著作权人许可，但应当支付报酬。当事人另有约定的除外。具体办法由国务院规定。

（4）为实施九年制义务教育和国家教育规划而编写出版的教科书。《中华人民共和国著作权法》规定，在这种情形下，除作者事先声明不许使用的外，可以不经著作权人许可，在教科书中汇编已经发表的作品片段或者短小的文字作品、音乐作品或者单幅的美术作品、摄影作品，但应当按照规定支付报酬，指明作者姓名、作品名称，并且不得侵犯著作权人依照本法享有的其他权利。

为通过信息网络实施九年制义务教育或者国家教育规划，可以不经著作权人许可，使用其已经发表的作品片段或者短小的文字作品、音乐作品或者单幅的美术作品、摄影作品制作课件，由制作课件或者依法取得课件的远程教育机构通过信息网络向注册学生提供，但应当向著作权人支付报酬。

为扶助贫困，通过信息网络向农村地区的公众免费提供中国公民、法人或者其他组织已经发表的种植养殖、防病治病、防灾减灾等与扶助贫困有关的作品和适应基本文化需求的作品，网络服务提供者应当在提供前公告拟提供的作品及其作者、拟支付报酬的标准。自公告之日起30日内，著作权人不同意提供的，网络服务提供者不得提供其作品；自公告之日起满30日，著作权人没有异议的，网络服务提供者可以提供其作品，并按照公告的标准向著作权人支付报酬。网络服务提供者提供著作权人的作品后，著作权人不同意提供的，网络服务提供者应当立即删除著作权人的作品，并按照公告的标准向著作权人支付提供作品期间的报酬。依照前款规定提供作品的，不得直接或者间接获得经济利益。

（四）强制许可

1. 强制许可的内涵

强制许可指作品的使用者有基于某种法定的正当理由需要使用他人已发表的作品，但以合理条件和正常途径无法取得著作权人的许可时，经申请由著作权行政管理部门或司法部门授权，即可使用该作品，无须征得著作权人同意，但应当向其支付报酬。强制许可属于在法定的条件下，由著作权行政事务管理部门批准将作品许可给申请人使用的一种作品许可使用方式。此种许可不是著作权人意志的体现，而是行政强制的结果。

2. 强制许可的适用要求

根据国外立法和国际公约规定，强制许可使用主要满足以下要求：①第三人确有使用作品的必要，又不能找到可替代的作品；②无法以合理条件与正常途径获得许可，且第三人报价不得过低；③需要向主管机关申请，并由主管机关发布强制许可令；④取得强制许可令后，应与著作权人协商报酬数额，如无法达成协议，由颁令机关确定；⑤根据强制许可获得的使用权是非独占的、不可转让的。由于强制许可制度程序复杂，适用的国家很少，我国没有规定，但我国加入的《保护文学和艺术作品伯尔尼公约》和《世界知识产权组织版权公约》规定有此制度，故在实践中也可引用。需要注意的是，法律关于著作权限制的规定，均适用于邻接权。

六、著作权的法律保护

著作权侵权是凡未经作者或其他权利人许可，又不符合法律规定的条件，擅自利用受版权保护的作品的行为，即为侵犯著作权的行为。侵犯著作权的行为可分为直接侵权行为和间接侵权行为，每种行为的适用条件都有差别。著作权侵权的程序保障包括诉前责令停止侵权、诉前证据保全、诉前财产保全。著作权的侵权纠纷可以通过调解、仲裁、向行政管理机关投诉及民事诉讼等途径解决。侵害著作权的行为可能承担的法律责任包括民事责任、行政责任和刑事责任。"相比传统著作权保护而言，互联网时代涉及产业发展的著作权保护领域在不断拓展，新类型案件涉及重大法律标准创设或者改变的，需要把握科技和行业发展大势，更多地从宏观层面考量，避免陷入法律适用的机械主义而简单套用法条，才能有助于取得微观具体个案的良好法律效果和社会效果。"①

（一）著作权的侵权

著作权是一种排他性权利，只能由权利人行使。侵犯著作权包括侵犯人身权，也包括侵犯财产权，还包括侵犯邻接权。探讨著作权的侵权行为要件构成，不须考虑行为人的主观过错。但是，根据有过错才赔偿的民法原则，在探讨行为人的损害赔偿责任时，需要判断行为人主观上是否存在过错。

1. 侵权的分类

（1）直接侵权。直接侵权是指他人未经著作权人的许可，以复制、发行、演绎、表演、展览等方式直接利用了有关的作品。由于著作权是权利人对作品所享有的权利，是权利人控制作品使用方式的权利，所以直接侵权又可以说是他人未经许可从事了应当由著作权人从事或控制的行为，或者说他人未经许可使用了有关的作品。依据我国著作权法，侵犯著作权就是侵犯复制权、发行权、出租权、展览权、表演权、放映权、广播权、信息网络传播权、摄制权、改编权、翻译权、汇编权等。如果再加上侵犯邻接权，又包括侵犯表演者权、录制者权、广播组织者和出版者的权利，还包括侵犯著作人身权。

出版物侵犯他人著作权的，出版者应当根据其过错、侵权程度及损害后果等承担民事赔偿责任。出版者对其出版行为的授权、稿件来源和署名、所编辑出版物的内容等未尽到合理注意义务的，依据著作权法的规定承担赔偿责任。出版者尽了合理注意义务，著作权人也无证据证明出版者应当知道其出版涉及侵权的，出版者承担停止侵权、返还其侵权所得利润的民事责任。该规定说明，即使出版社无任何主观过错，其行为仍然构成侵权，应当承担停止侵权、返还其侵权所得利润的民事责任，但无须承担赔偿损失的民事责任。

从作品的角度而言，侵犯著作权是行为人必须接触过著作权人的作品并以此为依据做成和原作品具有同一性或者类似性的作品。虽然行为人的作品和原作品具有同一性或者类似性，但如果行为人根本没有接触过著作权人的作品，则属于自己独立创作，属于偶然同一或者类似，行为人不但不构成著作权侵害，反而对其创作的作品享有独立的著作权。

---

① 宋建立. 著作权刑事保护趋势与实践思考 [J]. 中国应用法学，2023（4）：140.

（2）间接侵权。间接侵权是指第三人虽然没有直接侵犯他人的著作权，但由于他协助了第二人的侵权，或者由于他与第二人之间存在着某种特殊的关系，应当由他承担一定的侵权责任。构成间接侵权的各种行为都不在著作权专有权利的控制范围内，将其界定为对著作权的侵犯是出于适当扩大著作权保护范围的政策考量以及这些行为的可责备性，因此必须以行为人具有主观上的故意。间接侵权主要有帮助侵权和代位侵权两种。帮助侵权是指第三人通过引诱、教唆和提供物质手段的方式，促使第二人侵犯他人的著作权。帮助侵权的构成要件有两个：①帮助侵权者有主观上的故意；②以引诱、教唆或以提供物质手段的方式帮助第二人侵犯了他人的著作权。代位侵权是指在某种特殊的相互关系中，第三人应当为第二人的侵权承担责任。一般而言，代位侵权存在于代理关系中。

间接侵权的构成与直接侵权不同：法律规定间接侵权是加强著作权保护的手段，要将本身不受著作权专有权利控制的行为定为侵权，该行为必须有可责难性，即该行为的实施者应当具有主观过错。

2. 著作权侵权的具体行为表现

（1）侵犯著作人身权。按照我国著作权法的规定，作者享有的著作人身权利包括发表权、署名权、修改权和保护作品完整权。因而，侵犯作者的人身权也是就这几种权利而言的。

其中发表权通常与财产权密切联系在一起，所以未经作者的同意而发表有关的作品，不但会侵犯作者的发表权，而且会侵犯作者的财产权。

侵犯作者的署名权，是现实生活中较为常见的一类案件。例如，未经合作作者许可，将自己与他人合作创作的作品，当作自己单独创作的作品来发表；又如，没有参加作品的创作，为了谋取个人名利，在他人创作的作品上署名。此外，制作、出售假冒他人署名的作品，在某种程度上也属于侵犯了他人的署名权。

歪曲、篡改他人的作品，属于侵犯作者的保护作品完整权的行为。但是，行为人的所作所为必须是损害了作者的声誉，才构成侵权。如果只是就作品进行了文字性的修改，或者就作品进行了一些技巧性的调整，就不属于侵犯作者的保护作品完整权。

（2）擅自使用。擅自使用包括未经著作权人许可，以展览、摄制电影和以类似摄制电影的方法使用作品，或者以改编、翻译、注释等方式使用作品；未经电影作品和以类似摄制电影的方法创作的作品、计算机软件、录音录像制品的著作权人或者与著作权有关的权利人许可，出租其作品或者录音录像制品；未经出版者许可，使用其出版的图书、期刊的版式设计；未经著作权人许可，复制、放映、广播、发行、表演、汇编、通过信息网络向公众传播其作品等侵权行为。

（3）拒付报酬。拒付报酬主要是指著作权法关于"法定许可"的规定，特定情况下使用他人已发表的作品，可以不经著作权人许可，但应当按照规定支付报酬的情况。需要注意的是，因违反著作权合同而未向著作权人支付报酬的，属于违约行为，而不属于侵犯著作权的行为，对此应适用违约的民事责任。

（4）侵犯邻接权。侵犯邻接权的行为包括未经表演者许可，从现场直播或者公开传送其现场表演，或者录制其表演，复制、发行录有其表演的录音录像制品，或者通过信息网络向公众传播其表演；出版他人享有专有出版权的图书；未经录音录像制作者许可，复制、发行、通过信息网络向公众传播其制作的录音录像制品；未经许可，播放或者复制广播、电视的节目信号等侵权行为。

（5）其他侵权行为。其他侵权行为主要包括以下几种。

第一，对技术措施的侵犯。技术措施是指"用于防止、限制未经权利人许可浏览、欣赏作品、表演、录音录像制品的或者通过信息网络向公众提供作品、表演、录音录像制品的有效技术、装置或者部件"。随着数字技术的发展，作品以数字化形式储存和使用使其复制变得更加容易、迅速，而且第一份和以后无论多少份的复制品的质量都是相同的，这也极大地增加了操纵和改变作品的能力，以及提高作品的复制品（授权或未授权的）传输给公众的速度。因此在这种开放性的环境下，权利人要发现信息侵权人很不容易。另外，由于数字化环境的开放性、跨国界性，对侵权者的制裁以及要求其赔偿损失都将十分困难。因为无法发现和制止侵权行为，所以确保现有的著作权法体系的实效性就变得日益困难起来。为了在新的环境下创建有效的实施权利保护体系以代替适时通过组织的措施，大部分权利人坚持首先采取有效的保障手段以制止侵权。

如果创建足够可靠的履行职能的技术手段（程序保障装置等）封锁了任何的未被授权的使用作品和邻接权客体，那么，结果显示可以按照权利人的意愿，使用技术手段允许或禁止他人使用其享有著作权的作品。这在比较普遍的情况。但是，实践上没有产生预想的效果；反之，几乎在利用技术手段保护的同时，人们开始研制其他的技术手段，目的在于破解或规避这些技术手段。与此相联系，类似的绕开保护的技术手段使它们的运用本身变得没有任何意义，只能利用法律同侵权人斗争以解决这一问题，以使研究制作或传播为了绕开保障装置的人遭遇法律诉讼。所以，在这样的情况下，事实上字面上没有说关于制止侵犯著作权和邻接权，而是防止后续的实施行为。其目的在于减少侵权，使绕开权利人使用保护的技术手段（这个称为二等水平的侵权）的其他人承担费用。

未经著作权人或者与著作权有关的权利人许可，故意避开或者破坏权利人为其作品、录音录像制品等采取的保护著作权或者与著作权有关的权利的技术措施的，构成侵权行为，法律、行政法规另有规定的除外。用于防止、限制未经权利人许可通过信息网络向公众提供作品、表演、录音录像制品的技术措施即为"保护著作权专有权利的技术措施"；而用于防止、限制未经权利人许可浏览、欣赏作品、表演、录音录像制品的技术措施即为"防止未经许可获得作品的技术措施"。任何组织或者个人不得故意避开或者破坏技术措施，不得故意制造、进口或者向公众提供主要用于避开或者破坏技术措施的装置或者部件，不得故意为他人避开或者破坏技术措施提供技术服务。但是，法律、行政法规规定可以避开的除外。从中可以看出，我国对"保护著作权专有权利的技术措施"和"防止未经许可获得作品的技术措施"同时加以保护。

第二，对权利管理信息的侵犯。权利管理信息是随着数字技术和网络的发展而新出现的事物，它是在作品、表演或制品中加入的用于识别作品或制品、作者、表演者、录音录像制品制作者的信息及有关作品、表演或制品使用的条款和条件的信息。这些信息随附于作品的复制件，或在作品向公众进行传播时出现。这些都是附属于作品的权利管理信息。

权利管理信息不但能够使作品的使用者了解作者和相关权利人的姓名、名称，成为作者和其他权利人昭示自己身份的方式之一，还可以成为使用作品之前必须接受的合同条款，促使作品的使用者尊重著作权。故意删除或改变权利管理信息，则会显著削弱著作权人对使用者的合理约束，同时还可能导致使用者无从知晓作品作者和相关权利人的身份，使作者和相关权利人无法获得与之付出的努力相称的声誉和尊重。

权利管理电子信息是说明作品及其作者、表演及其表演者、录音录像制品及其制作者的信息，作品、表演、录音录像制品权利人的信息和使用条件的信息，以及表示上述信息的数字或者代码。未经权利人许可，任何组织或者个人不得进行下列行为：①故意删除或者改变通过信息网络向公众提供的作品、表演、录音录像制品的权利管理电子信息，但由于技术上的原因无法避免删除或者改变的除外；②通过信息网络向公众提供明知或者应知未经权利人许可被删除或者改变权利管理电子信息的作品、表演、录音录像制品。

第三，制作、出售假冒他人署名的作品。关于我国著作权法规定的这种侵犯著作权的行为需要特别讨论。法律将这种行为认定为侵权著作权的行为，却未说明是侵犯了何种著作权，司法实践中针对该种侵权纠纷依法判决冒用者侵犯了被冒用者的著作权。在著作权中，只有署名权与此行为相关，因此似乎只能理解为侵犯了署名权。署名与姓名的本质都是一个符号，但其功能却不相同。署名的本质功能在于表明作品系源于该符号所指代的"作者"，是作者与作品的源流关系的中介；姓名的本质功能在于表明该符号所指代的"人"，是人的符号化信息。当人们看到作品上的署名时，人们只知道某部作品是这个（些）作者创作的，并不去关心这个人的性别、社会地位、个人才能、品质、气质、名声等个人信息，但当看到某个人的姓名时，人们关注的是这个人的性别、个人才能、品质、气质、社会地位、名声等个人信息，却并不关注其是否创作了某部作品。署名权产生的基础是作品的创作行为，没有创作就没有署名权，某个符号，只有在与作者身份相联系时，它才是署名，脱离创作的事实而单独存在的符号，只是一个符号，不是署名。被冒名者没有创作某部作品，尽管以前长期署名使用的代表其创作才能的符号被冒用，也不能认为是侵犯了被冒用者的署名权。如果一个人长期使用某个符号作为姓名，无论他/她的名气多大，如果他/她从未创作一部作品，则该符号不会变成署名。然而，如果某人长期使用某个符号在作品上署名时，该符号就可能建立起与作者"本人"的指代关系，从而演变成该人姓名权的对象，未经该人同意将该符号冒用在作品上，应属侵犯姓名权的行为。在其他情况下，如果某个曾经被用作署名的符号并未建立起与使用该符号者本人的联系，该符号还不能被认定为姓名。

从现实情况来看，在"制作、出售假冒他人署名的作品"的案例中，被冒名者均为有一定名气的艺术家，冒用者不过是想借被冒名者的艺术名气，谋取不正当的利益，这类似于假冒驰名商标获取不正当利益。在假冒驰名商标的情况下，如果驰名商标是注册商标的，假冒可以认定为属于侵犯商标权的行为；如果驰名商标不是注册商标的，则被认定为属于不正当竞争行为。利用被冒名者的名气向市场推出作品，由于作品本身并非被冒名者创作，往往在创作水平上不及被冒名者创作的作品，因此可能会有损被冒名者的个人声誉，且该部作品进入市场后，会增加同一作者作品的市场供给，降低同类作品的价值，因此可以将其看作属于不正当竞争。

综上所述，署名是在作品上表明作者身份的符号，姓名是用于指代自然人的符号。"制作、出售假冒他人署名的作品"应该准确地理解为"将未创作作品的他人姓名用于作品以表明作者身份并出售"，这种行为向消费者传递了错误信息，影响了消费者对作品的选择，并试图利用被冒名者的名气谋取不正当利益，既有损公共利益，也有损被冒名者的合法利益，应予禁止。在著作权法中规定由被冒名者来禁止，虽然本质上应依据姓名权作为请求权基础，但在功能上却是合理选择。

（二）信息网络传播权的侵权

1. 信息网络传播权的网络使用范围

信息网络传播权所指网络的范围不仅包括互联网以及与互联网相连接的电视、电话等网络，还包括局域网络。互联网，又称为国际互联网，是全球计算机信息和通读资源的综合体，是一种将计算机连接在一起的方式。从技术上而言，互联网是相互连接的 IP 网络的系统，是成千上万个计算机网络通过 TCP/IP 网络工作协议即时连接而成的。互联网是一个无中心的全球信息媒体，它所组成的网络空间将全世界的人、机构、组织、企业、政府联系在一起，使用户可以远程登录，共享数字化文件、网上讨论、电子出版、查询信息、发送电子邮件，向特定主体、某个群体，甚至整个世界即时地发布信息。

随着信息技术的发展，目前已实现了电信网、广播电视网、互联网三大网络的合一，三大网络通过技术改造，其技术功能趋于一致，业务范围趋于相同，网络互联互通、资源共享，能为用户提供语言、数据和广播电视等多种服务。这样，手机可以看电视、上网，计算机可以打电话、上网，电脑也可以打电话、看电视。信息网络包括以计算机、电视机、固定电话机、移动电话机等电子设备为终端的计算机互联网、广播电视网、固定通信网、移动通信网等信息网络，以及向公众开放的局域网络。

2. 侵犯信息网络传播权的构成要件

（1）网络用户、网络服务提供者构成直接侵权。侵犯著作权的直接侵权行为，即是未经权利人的许可，利用了权利人享有著作权的作品，也未支付报酬的行为。针对侵犯信息网络传播权，网络用户、网络服务提供者未经许可，通过信息网络提供权利人享有信息网络传播权的作品、表演、录音录像制品，除法律、行政法规另有规定外，人民法院应当认定其构成侵害信息网络传播权行为。对信息网络传播权关键词的理解主要包括以下几点。

第一，"提供行为"是指"最初"将作品置于网络中的行为，只要这一提供行为客观上使得相关作品处于可以被公众得到的状态即可，至于其采用何种具体形式则在所不论。"提供作品"的行为，既可以是将作品上传到其服务器中供用户获取的行为，也可以是通过共享软件直接提供存储于其计算机共享区域中内容的行为；既可以是提供作品下载的行为，亦可以是仅提供在线观看、视听或浏览等行为。通过上传到网络服务器、设置共享文件或者利用文件分享软件等方式，将作品、表演、录音录像制品置于信息网络中，公众能够在个人选定的时间和地点以下载、浏览或者其他方式获得的，人民法院应当认定其实施了前款规定的提供行为。网络服务提供者以提供网页快照、缩略图等方式实质替代其他网络服务提供者向公众提供相关作品的，人民法院应当认定其构成提供行为。但是，该提供行为不影响相关作品的正常使用，且未不合理损害权利人对该作品的合法权益，网络服务提供者主张其未侵害信息网络传播权的该行为不构成提供行为。

第二，"获得"是指获得作品的可能性，即这一提供行为只需使公众有可能获得该内容即可，至于具体的某个网络用户是否实际获得该内容在所不论。"获得"既包括用户的下载，也包括在线浏览观看、软件的在线安装、运行等。

第三，"以个人选定的时间和地点"这一要件，更多地着眼于"交互性"的特点。

"交互"具有双向性、互动性的含义，故对于交互式传播行为而言，只有在作品等内容的提供者与接受者均具有主动性的情况下，才可能具有传播的双向性及互动性；如果一方主动而另一方被动，则无法达到双向、互动这一效果。

个人选定的时间和地点，并非指用户对于时间和地点具有绝对的选择权，而是指在服务器"开放"的时间、空间内，用户可以按其需要选择任一时间、任一终端获得提供者所提供的内容。因此，信息网络传播行为的本质特征在于其交互性特点，即对于网络内容提供者所提供的作品、表演、录音录像制品，公众并非被动接受，而是可以按照其"个人的需要"选择获得上述内容的时间或是地点，这也正是信息网络传播行为与著作权其他权项控制行为的根本区别所在。

（2）网络服务提供者构成间接侵权。

第一，共同侵权。二人以上共同侵权造成他人损害的，应当承担连带责任。一般认为，共同侵权行为也称为共同过错、共同致人损害，是指数人基于共同过错而侵害他人的合法权益，依法应当承担连带责任的侵权行为。有证据证明网络服务提供者与他人以分工合作等方式共同提供作品、表演、录音录像制品，构成共同侵权行为的，人民法院应当判令其承担连带责任。网络服务提供者能够证明其仅提供自动接入、自动传输、信息存储空间、搜索、链接、文件分享技术等网络服务，主张其不构成共同侵权行为的，人民法院应予支持。

第二，网络服务提供者构成间接侵权的主观过错。过错是网络服务提供者承担责任的基础，之所以规定由其承担相应的民事责任，是因为其主观上有可以归责的事由（故意或者过失），在故意侵权的情况下，网络服务提供者违反的是不得侵害他人合法权益的义务；在过失侵权的情况下，网络服务提供者违反的是对他人合法权益应尽到的注意义务。网络服务提供者的过错包括对于网络用户侵害信息网络传播权行为的明知或者应知。

明知一般是指有证据证明网络服务提供者明知其服务的网络用户可能利用其网络服务侵害权利人信息网络传播权，仍然积极鼓励网络用户实施侵权行为或者在已经明知网络用户利用其提供的网络服务实施侵害信息网络传播权行为的情况下，仍然为其提供服务而不采取相应的删除、断开链接、屏蔽等措施。

对明知的判断相对来说难以有比较客观化的标准，为此，从网络服务提供者应当具备的管理信息的能力，其传播的作品、表演、录音录像制品的类型、知名度及侵权信息的明显程度，是否主动对作品、表演、录音录像制品进行了选择、编辑、修改、推荐等，是否积极采取了预防侵权的合理措施，是否设置便捷程序接收侵权通知并及时对侵权通知做出合理的反应，是否针对同一网络用户的重复侵权行为采取了相应的合理措施等方面认定网络服务提供者对其网络用户侵害权利人信息网络传播权是否应知。

按照《信息网络传播权保护条例》的规定，对网络服务提供者追究著作权侵权责任，也是以明知或应知作为其主观要件的。在不明知或应知的情况下，只承担删除侵权内容、断开与侵权作品、表演、录音录像制品链接的义务。但《信息网络传播权保护条例》对网络服务提供者的"明知"和"应知"判断标准还没有具体规定。

《中华人民共和国侵权责任法》第36条也对网络用户及网络服务提供者构成侵权及责任的承担予以规定，其内容包括两部分：第一部分是网络用户或者网络服务提供者利用网络实施侵权行为的责任；第二部分是网络用户利用网络实施侵权行为网站承担连带责任的情况。网络服务提供者的义务是提示之后的义务，而不是事先审查的义务。规定的必要措施是指凡是能够避免侵权后果的措施，就是必要措施。

（三）侵犯著作权的责任

侵犯著作权的侵权人依法应承担法律责任。一般情况下，侵权人应承担停止侵权、赔礼道歉或支付损害赔偿等民事责任，但如果侵权行为同时损害了公共利益，还可能承担行政责任，如严重损害公共利益的侵权行为甚至须承担刑事责任。

1. 民事责任

针对著作权侵权行为，法院对侵权者施加的民事责任应当达到三个基本目标：①使侵权者停止侵权行为，防止损害后果进一步扩大；②使著作权人所蒙受的损失获得充分的补偿；③防止侵权者今后继续从事侵权行为。围绕这三个目标，各国著作权法规定了基本相似的民事救济措施。

（1）停止侵害。依据著作权法的规定，如果法院判定侵权成立，侵权人应当承担停止侵害的责任。著作权人或邻接权人在诉前和诉讼提起后申请的责令停止侵权的临时措施，也属于停止侵权的一种。事实上，法院收到权利人的申请而裁定责令停止侵权的临时措施，已经考虑了案件的基本情形，已经得出了被告侵权可能性极大的结论。否则，法院就不会裁定责令停止侵权的临时措施。当然，这种侵权可能性有怎样的结论还需要经过进一步的审理而得到证实。停止侵权责任的适用，应具备以下几个条件。

第一，原告的请求。原告的请求是指原告在起诉时或在诉讼过程中，请求法院判令被告承担某种形式的民事责任。在我国，被告民事责任的承担采取原告请求的原则，即只有原告请求法院判令被告承担某种形式的民事责任，而法院经审理认为，被告应该承担该种民事责任时，才会判令被告承担该责任。

第二，侵害正在进行或者有再次发生之虞。如果法院在进行判决时，认定被告的行为构成侵权，而且该侵害行为仍在继续，或者是权利人已经获得了诉前停止侵权行为或诉中停止侵权行为的裁定，法院一般应予以支持。而对于已经停止的侵权行为，只要该行为有再次发生或继续之虞的，经原告请求，法院便应判令被告停止侵害。

第三，赔偿损失。赔偿损失的基本含义是让权利人从侵权人那里得到足够的赔偿，以弥补权利人因为他人侵权而造成的损失，使权利人处于一个侵权似乎没有发生过的位置上。从赔偿权利人角度看，是指加害行为给其造成的损害有多大，亦即赔偿义务人须对赔偿权利人受到的何种损害负赔偿责任。根据《中华人民共和国著作权法》，侵权人应按照权利人的实际损失予以赔偿。实际财产损失包括直接财产损失和间接财产损失。直接财产损失为侵害行为造成的权利人现有财产的减少；间接财产损失为侵害行为造成权利人可得利益的丧失。

赔偿损失是否要求行为人主观有过错？赔偿损失是具有过错的侵权人侵犯了著作权，导致著作权人蒙受损失时，侵权人应承担的民事责任。显然，行为人主观过错是其承担民事赔偿责任的前提。没有过错的侵权人虽然也会给著作权人造成损害，但这种侵权行为毕竟缺乏道德上的可责备性，规定侵权人承担全部赔偿责任则显得不公。

《中华人民共和国著作权法》虽然没有明确将侵权人的过错，即故意或过失规定为侵权人承担赔偿损失民事责任的前提条件，但《关于审理著作权民事纠纷案件适用法律若干问题的解释》第 19 条规定："出版者、制作者应当对其出版、制作有合法授权承担举证责任，发行者、出租者应当对其发行或者出租的复制品有合法来源承担举证责任。举证不能的，依据《中华人民共和国著作权法》第 46 条、第 47 条的相应规定承担法律责任。"这里的"法律责任"是指赔偿损失的民事责任，这其实是将具有过错作为侵权人承担赔偿损失责任的前提条件的。

需要强调的是，无过错的侵权人虽然无须承担赔偿责任，但如果从侵权行为中获得了利润，仍然应当承担将利润返还给著作权人的责任。否则无过错的侵权人就会从侵权行为中谋取利益，使得受到损失的著作权人得不到任何补偿，这是与民法的公平原则和著作权法的利益平衡理念相违背的。我国《关于审理著作权民事纠纷案件适用法律若干问题的解释》第 20 条针对出版者的侵权行为规定："出版者尽了合理注意义务，著作权人也无证据证明出版者应当知道其出版涉及侵权的，依据《民法通则》第 117 条第一款的规定，出版者承担停止侵权、返还其侵权所得利润的民事责任。"

（2）赔偿损失的计算方式，主要包括以下几种。

第一，实际损失计算法，这是以权利人的实际损失作为计算赔偿额的标准。权利人的实际损失即著作权人或邻接权人因为被告的侵权行为而遭受的损失，如果没有侵权人的行为权利人可以获得的收益。它又有两种计算方式。

一是销售损失，适用于原告与侵权人是市场上的直接竞争者的情形。在这种情况下，可以假定侵权人每销售一件侵权物品，权利人就会有一些相应的损失。如果被告是以报刊、图书出版或类似方式侵权的，可参照国家有关稿酬的规定，综合考虑作品创造性程度、侵权情节等因素，按照一定倍数计算损失。另如因被告侵权导致原告许可使用合同不能履行或难以正常履行产生的预期利润损失也可算作实际损失。

二是许可使用费，适用于原告与侵权人不是市场上的直接竞争对手。在这种情况下，权利人丧失发放许可证和获得许可使用费的机会，或者说侵权人未经权利人许可而使用了相关的作品或受保护客体，使得权利人不能获得相应的许可使用费。如果权利人曾经向第三者发放过许可证，则可以用市场价值的方法来计算他的实际损失。即根据市场惯例和合理条件，权利人会要求多少使用费或者说一般的被许可人愿意出多少使用费。

权利人的实际损失，可以根据权利人因侵权所造成复制品的发行量减少或者侵权复制品销量与权利人发行该复制品单位利润乘积计算。具体而言，就是：

权利人的实际损失＝权利人因侵权所造成复制品发行减少量或者侵权复制品销量×

权利人发行该复制品单位利润

发行量减少难以确定的，按照侵权复制品的市场销售量确定。显然，这种情况系针对权利人与侵权人是市场上的直接竞争者而言，其中按照侵权复制品的市场销售量确定的，又涉及了下文将要讨论的侵权人的利润所得。

无论采取销售损失的方式还是许可使用费的方式计算权利人的实际损失，都存在一些难以计算或难以估价的问题。按照这个标准计算侵权行为人的赔偿额，需要注意以下方面：①该标准以权利人实际复制和销售其作品为前提。如果权利人没有实际复制和销售其作品，该标准无法适用。理由是：权利人没有实际复制和销售其作品时，其作品是否能够出版、出版后是否能够销售、销售多少，都没有办法进行计算。②在计算权利人因侵权所造成的复制品发行减少量时，应当根据具体情况，考虑权利人经营管理不善等因素导致的减少量、因替代品的出现导致的减少量、因消费者消费取向的变化导致的减少量。当然，这些因素都具有不确定性，因此依赖法官根据案件具体情况进行自由裁量。③在计算侵权复制品的销售量时，应当从侵权复制品销售数量中扣除权利人没有能力销售的数量，如因为侵权行为人特有的销售渠道所销售的数量。

第二，非法所得计算法。此种计算方法是以侵权人从侵权行为中获得的利润作为计算赔偿的标准，要求侵权人将因非法行为所获利润全部赔偿给权利人。非法所得是指侵权人因为侵权而获得的收益。此处的收益，实际指的是利润，包括产品销售利润、营业利润和净利润。一般情况下以被告营业利润作为赔偿数额；被告侵权情节或者后果严重的，可以产品销售利润作为赔偿数额；侵权情节轻微，且诉讼期间已经主动停止侵权的，可以净利润作为赔偿数额。由于权利人在复制、销售著作权产品时，同样必须付出生产成本、销售成本、管理费用以及税收，因此非法所得以净利润计算比较合理，其计算方法为：

净利润=销售金额−生产成本（原材料费用+机器磨损费用+员工工资）或者进货成本

（购买费用+房屋租赁成本+员工工资等）−销售成本−管理费用−税收

在要求按违法所得进行赔偿时，应当由原告初步举证证明被告侵权所得，或者阐述合理理由后，由被告举证反驳；被告没有证据，或者证据不足以证明其事实主张的，将可能不会得到司法支持。

第三，法定赔偿法。法定赔偿法即由法律规定一个赔偿额度，由人民法院根据侵权行为的情节，在一定额度内确定一个合理的赔偿数额。著作权人或邻接权人在其实际损失和侵权者的非法所得难以证明或者不能证明时，或者认为要求实际损失和侵权利润赔偿对自己不利时，就可以选择法定损害赔偿。

适用法定赔偿，通常要考虑原告可能的损失或被告可能的获利；还要考虑作品的类型、作品的独创性程度、合理许可使用费、作品的知名度和市场价值、权利人的知名度、作品使用时间的长短等；以及侵权人的主观过错、时间、范围、侵权方式、后果等。在坚持司法公正公平的原则下，考虑法定赔偿的额度对权利人的补偿功能及对侵权人的一定惩罚和教育功能。

以上三种计算方法，应依顺序适用。此外，所有的赔偿数额均应当包括权利人为制止侵权行为所支付的合理开支，如权利人或者委托代理人对侵权行为进行调查、取证的合理费用（购买侵权作品的费用、公证费、评估费、审计费、交通食宿费、材料打印复印费等）及符合国家有关部门规定的律师费用。

第四，赔礼道歉与消除影响。赔礼道歉，作为民事责任承担方式的一种，为我国法律所独有。作为民事责任承担方式之一的赔礼道歉，与一般道义上的赔礼道歉是不同的，是将道义上的责任上升为法律上的责任，是国家强制力保障实施的。消除影响，是指侵权行为给权利人造成不良影响的，法院判令侵权人承担的以一定方式消除该不良影响的民事责任方式。

著作权人享有的专有权利中包含了人身权利。当侵权行为侵犯了著作权人的人身权利，导致作者的声誉受到损害时，就无法单纯通过经济赔偿挽回对著作权人造成的损害。因此，要求侵权人以适当的方式公开或不公开地向权利人表示歉意，如在报刊媒体上发布致歉声明，或者在私下里向权利人表示歉意。如果侵权人因为自己的侵权活动而对权利人造成了不良的影响，应当采取某些必要的措施，以消除有关的不良影响。

一般认为，纯粹侵犯财产权利的行为只会造成著作权人经济上的损失，通过判决侵权人承担支付相应损害赔偿金就可以使著作权人获得充分救济，因此不宜要求侵权人承担赔礼道歉的民事责任。在具体案件中，赔礼道歉和消除影响往往合并在一起适用。责令侵权人承担消除影响、赔礼道歉的责任，大多是在侵犯作者人身权的案件中。合并适用的前提是著作权侵权行为侵害了原告的人身权，或者该行为侵害了原告的财产权或造成了不良影响。

2. 刑事责任

严重侵犯著作权和邻接权，同时又对社会公共利益造成严重损害的，或者对社会经济秩序造成严重危害的，可以追究侵权人的刑事责任。

以营利为目的，有下列侵犯著作权情形之一，违法所得数额较大或者有其他严重情节的，处3年以下有期徒刑或者拘役，并处或单处罚金；违法所得数额巨大或者有其他特别严重情节的，处3年以上7年以下有期徒刑，并处罚金：①未经著作权人许可，复制发行其文字作品、音乐、电影、电视、录像作品、计算机软件及其他作品的；②出版他人享有专有出版权的图书的；③未经录音录像制作者许可，复制发行其制作的录音录像制品的；④制作、出售假冒他人署名的美术作品的。

以营利为目的，销售明知是《中华人民共和国著作权法》第217条规定的侵权复制品，违法所得数额巨大的，处3年以下有期徒刑或者拘役，并处或者单处罚金。单位犯有侵犯著作权罪和销售侵权复制品罪的，对单位判处罚金，并对其直接负责任的主管人员和其他直接责任人员，依侵犯著作权罪和销售侵权复制品罪处罚。

违法所得数额在3万元以上的，属于"违法所得数额较大"；非法经营数额在5万元以上的，或者未经著作权人许可，复制发行其文字作品、音乐、电影、电视、录像制品、计算机软件及其他作品，复制品数量合计在500张（份）以上的，属于"有其他严重情节"；违法所得数额在15万元以上的，属于"违法所得数额巨大"；非法经营数额在25万元以上的，或者未经著作权人许可，复制发行其文字作品、音乐、电影、电视、录像作品、计算机软件及其他作品，复制品数量合计在2500张（份）以上的，属于"有其他特别严重情节"，违法所得数额在10万元以上的，属于"违法所得数额巨大"。而"非法经营数额"则是指行为人在实施侵犯知识产权行为过程中，制造、储存、运输、销售侵权产品的价值。已销售的侵权产品的价值，按照实际销售的价格计算。制造、储存、运输和未销售的侵权产品的价值，按照标价或者已经查清的侵权产品的实际销售平均价格计算。侵权产品没有标价或者无法查清其实际销售价格的，按照被侵权产品的市场中间价格计算。

3. 行政责任

行政责任是指著作权行政管理部门在查处侵权的活动中，依法对侵权人所给予的行政性处罚。对于侵犯著作权和邻接权的行为者给予行政处罚，也是我国著作权法的一个独特规定。世界上大多数国家的著作权法或版权法中都没有对侵权者给予行政处罚的规定。

（1）我国的著作权行政管理体制。根据《中华人民共和国著作权法》的规定，国务院著作权行政管理部门主管全国的著作权管理工作；各省、自治区、直辖市人民政府的著作权行政管理部门主管本行政区域的著作权管理工作。

著作权行政案件主要由地方人民政府著作权行政管理部门负责查处，国务院著作权行政管理部门可以查处在全国有重大影响的侵权行为。

（2）可进行行政处罚的侵权行为。有法律规定的侵权行为，同时损害公共利益的，可以由著作权行政管理部门对侵权人处以行政处罚。由此可见对著作权侵权行为进行行政处罚，需要具备两个条件：①法律明确规定的侵权行为；②该侵权行为要同时损害公共利益。如果该侵权行为仅为一般的侵权行为，不损害公共利益，则只承担民事责任，不承担行政责任。

《中华人民共和国著作权法》规定可进行行政处罚的侵权行为包括：①未经著作权人许可，复制、放映、广播、汇编、发行、表演、通过信息网络向公众传播其作品的，本法另有规定的除外；②出版他人享有专有出版权的图书的；③未经表演者许可，复制、发行录有其表演的录音录像制品，或者通过信息网络向公众传播其表演的，本法另有规定的除外；④未经录音录像制作者许可，复制、发行、通过信息网络向公众传播其制作的录音录像制品的，本法另有规定的除外；⑤未经著作权人或者与著作权有关的权利人许可，故意避开或者破坏权利人为其作品、录音录像制品等采取的保护著作权或者与著作权有关的权利的技术措施的，法律、行政法规另有规定的除外；⑥未经许可，播放或者复制广播、电视的，本法另有规定的除外；⑦未经著作权人或者与著作权有关的权利人许可，故意删除或者改变作品、录音录像制品等的权利管理电子信息的，法律、行政法规另有规定的除外；⑧制作、出售假冒他人署名作品的。

此外，根据《中华人民共和国计算机软件保护条例》规定可以处以行政处罚的有：①复制或者部分复制著作权人的软件的；②向公众发行、出租、通过信息网络传播著作权人的软件的；③故意避开或者破坏著作权人为保护其软件著作权而采取的技术措施的；④故意删除或者改变软件权利管理电子信息的；⑤转让或者许可他人行使著作权人的软件著作权的。

（3）侵犯著作权的行政责任种类。法律规定的行政责任包括：①责令停止侵权行为。

②没收违法所得，没收、销毁侵权复制品。③罚款。非法经营额5万元以上的，可以处非法经营额3倍以上5倍以下的罚款；没有非法经营额或5万元以下的，视情节轻重，可以处25万元以下的罚款。④没收主要用于制作侵权复制品的材料、工具、设备等；此种适用于情节严重的行为。以上行政处罚方式，既可以单独适用也可以合并适用。当事人对行政处罚不服的，可以自收到行政处罚决定书之日起三个月内向人民法院起诉，期满不起诉又不履行的，著作权行政管理部门可以申请人民法院执行。

（四）著作权侵权纠纷处理

著作权人或邻接权人在自己的权利受到侵犯后，可以通过多种途径解决侵权纠纷，如调解、仲裁、向著作权行政管理机构投诉或向人民法院起诉。

1. 侵权纠纷的解决途径

根据中国著作权法的有关规定，在发生侵犯著作权的纠纷以后，权利人可选择数种途径，以解决有关的纠纷并维护自己的权利。

（1）调解。著作权的侵权纠纷，可以由各地的著作权行政管理部门调解，也可以由其他的机构或个人调解。各地著作权行政管理部门的职责之一就是调解著作权侵权纠纷。

（2）仲裁。仲裁是一种由独立的争端解决机构裁定纠纷的做法，其程序类似于司法程序，但又比司法程序简单快捷。根据仲裁法的相关规定，仲裁采取"一裁终局"的程序，即由专业的仲裁员在充分考虑事实和证据的基础上，一次性做出有关是非的裁定。裁决做出后，当事人就同一纠纷不得再申请仲裁或者向人民法院起诉。即使当事人提起申请或诉讼，仲裁机构或者人民法院也不予受理。对于仲裁机构做出的仲裁决定，当事人必须履行。如果当事人不服仲裁决定，可以向人民法院起诉。不起诉又不履行仲裁裁决的，另一方当事人可以请求人民法院强制执行。

根据《中华人民共和国著作权法》的规定，如果当事人在侵权纠纷发生后达成了书面仲裁协议，或者原来签订的著作权合同中有仲裁的条款，可以依据仲裁协议或仲裁条款向仲裁机构申请仲裁。当事人没有书面仲裁协议，也没有在著作权合同中订立仲裁条款的，可以直接向人民法院提起诉讼。

（3）行政救济。在发生《中华人民共和国著作权法》第47条所列的8种侵权行为的情况下，著作权行政管理部门也可以进行查处。根据有关规定，国务院著作权行政管理部门查处在全国有重大影响的著作权侵权案件，地方著作权行政管理部门查处本行政区域的侵权行为，对于同时侵犯著作权和危害社会经济秩序的行为，给予行政处罚。著作权行政管理部门查处有关的侵权行为，可以是主动查处，也可以是应权利人的要求而查处，如著作权人或邻接权人在权利受到侵犯的时候，向著作权行政管理部门进行投诉。

（4）诉讼。依照法律规定，即使不经过前述救济途径，当著作权人认为自己的权利受到侵害时，也可以向人民法院提起民事诉讼。人民法院在当事人和其他诉讼参与人均参加的情况下，根据民事诉讼法及相关实体法，就当事人之间的著作权纠纷进行审理。

2. 民事诉讼解决实务

（1）诉讼管辖的确定。就级别管辖而言，一般情况下，著作权民事纠纷案件由中级以上人民法院管辖。但是各高级人民法院根据本辖区的实际情况，可以确定若干基层人民法院管辖第一审著作权民事纠纷案件。

就地域管辖而言，被告住所地、侵权行为实施地、侵权复制品储藏地或者查封扣押地人民法院都有权管辖。所谓侵权复制品储藏地是指大量或者经常性储存、隐匿侵权复制品所在地；所谓查封扣押地是指海关、版权、工商等行政机关依法查封、扣押侵权复制品所在地。当上述地点不一致时，或者有多人共同侵权，且侵权人住所地、侵权行为实施地、侵权复制品储藏地或者查封扣押地不在同一地点时，当事人可以选择其中一个与被告相关的一处地点的人民法院进行起诉，起诉可以针对其中一人，也可以同时针对其中部分或全部被告。一般情况下，在选择诉讼管辖时，应当遵循"方便诉讼"的原则，就是选择离自己的住所或经常居住地近一些的地方法院管辖，可以节约诉讼成本。

根据相关规定，侵害信息网络传播权的侵权行为地包括实施被诉侵权行为的网络服务器、计算机终端等设备所在地。侵权行为地和被告住所地均难以确定或者在境外的，原告发现侵权内容的计算机终端等设备所在地可以视为侵权行为地。该解释针对网络著作权侵权的特殊情况，将"侵权行为实施地"解释为包括实施被诉侵权行为的网络服务器、计算机终端等设备所在地，以及在难以确定侵权行为地和被告住所地时，可视原告发现侵权内容的计算机终端等设备所在地为侵权行为地。

（2）诉讼主体资格的确定。依据一般法理，权利人认为自己利益受到损害者，均可以原告身份提起诉讼。但是在著作权法律关系中，如果涉及合作作品、许可、职务作品等情形，则需要仔细分析才能确定诉讼主体资格。

第一，关于合作作品。合作作品的全体作者或相关权利人就合作作品的权属发生纠纷的，任何一位合作作者可以以其他与其有争议的合作作者为被告提起诉讼，请求确认权利归属。原告可以举证证明关于权属的相关约定、其参与创作的相关素材等材料以证明其主张。如果是合作作品受到来自著作权人之外的损害，任何一位合作作者无须其他合作作者授权，更无须取得一致同意就可以提起诉讼，只是诉讼所获得的赔偿等在扣除诉讼相关费用后应当依照合作协议进行分配；没有合作协议的，依照参与创作的比例进行分配；无法确定参与创作比例的，平均分配。由于诉讼也存在败诉风险，因此，在诉讼之前全体合作人就诉讼是否参与，诉讼后果的承担等最好达成一致意见，以防胜诉时权利人都要求分得利益，而败诉后或者所得少于诉讼费用支出时权利人都不愿承担相关费用的情况出现。

第二，关于职务作品。职务作品纠纷可能发生在作者与其单位之间，此时，任何一方可以对方为被告提起诉讼，请求确认作品性质。已经定性的职务作品如果受到来自其他人的侵权损害，应由单位作为原告提起诉讼，作者不具有原告资格。

第三，关于许可中的特殊情况。许可由于涉及许可人和被许可人两个方面的权利人，因此确定主体资格情况比较复杂。总体的原则是：在许可人和被许可人中，只有涉及实质利益损害可能性的人才能作为诉讼主体。例如在非专有（独家或普通）许可中，由于就许可的权利，许可人与被许可人同时都享有，因此许可人与被许可人都可以作为原告；但如果被许可人实施某项行为侵权，而许可人并未实施某项行为，则应以被许可人为被告，相反则应以许可人为被告。在专有（独占）许可中，由于许可人本身并无行使那些被许可权利的权利，不会因侵权行为受到实质利益损害，因此一般不应具有原告主体资格，而由被许可人作为原告起诉。在被许可人单独作为被告承担了侵权责任以后，如果是由于许可的权利存在缺陷所致，被许可人可以要求许可人承担相应违约责任。

（3）临时措施。临时措施是指法院在对案件的是非曲直做出最终判决之前，先行采取的保护当事人利益的措施，这种措施在许多情况下对于制止正在或即将实施的侵权行为、保存重要证据、防止损害后果进一步扩大和导致无法弥补的损失是至关重要的。我国著作权法针对著作权的侵权行为，规定了诉前禁令和诉前保全证据两种临时措施。我国著作权法所规定的诉前临时措施主要包括以下几个方面。

第一，诉前禁令。诉前禁令是指著作权人在诉讼开始之前向司法机关申请责令侵权人停止进行侵权行为的司法文件。法院是否发布诉前禁令，将对权利人及被控侵权人的利益产生重大的影响。若法院不发出诉前禁令，将有可能对权利人的商誉及市场份额等造成难以用金钱弥补的损害；同样，若法院发出诉前禁令，被控侵权人因此受到的损害也可能是难以弥补的。这就要求法院应依据一定原则及标准决定是否发出诉前禁令，此即诉前禁令的适用条件应该有明确的法律规定。

《中华人民共和国著作权法》第49条规定：著作权人有证据证明他人正在实施或者即将实施侵犯其权利的行为，如不及时制止将会使其合法权益受到难以弥补的损害的，可以在起诉前向法院申请责令停止有关行为。由于临时措施对侵犯知识产权的行为都是适用的，著作权人或者利害关系人可以在起诉前向侵权行为地或者被申请人住所地对著作权侵权案件有管辖权的法院提出申请。利害关系人包括著作权许可使用合同的被许可人和著作财产权的合法继承人。

在著作权许可使用合同的被许可人中，除非另有约定，专有使用许可合同的被许可人可以单独向法院提出申请，如专有使用许可合同约定被许可人只能排除著作权人之外的第三人行使同一权利，则只有在著作权人不申请的情况下，被许可人才可以提出申请。申请人应当递交或提供：①书面申请状，载明当事人的基本情况、申请的具体内容、范围、申请的理由，包括有关行为如不及时制止，将会使申请人的合法利益受到难以弥补的损害的具体说明。②证明被申请人正在实施或者即将实施侵犯著作权的行为的证据。如申请人为利害关系人，还应提交著作权许可使用合同。③相应的担保，如未能提供担保，法院将驳回申请。在确定担保的范围时，法院将考虑责令停止有关行为所涉及的活动的收益，以及在涉及商品的情况下，合理的仓储、保管等的费用，以及停止有关行为可能造成的损失等。

对于申请人提出的诉前禁令申请，法院经审查后认为符合法定条件的，应在 48 小时内做出书面裁定，责令被申请人停止侵犯著作权的行为，而且应当立即开始执行，并在至迟不超过 5 日的时间内及时通知被申请人。对裁定的时间做出严格规定是因为著作权侵权行为往往会给权利人造成难以弥补的损失，因此法院应尽早对于申请是否符合法定条件进行审查并做出裁定，以便于权利人及时制止侵权行为。

当事人对诉前禁令裁定不服的，可以在收到裁定之日起 10 日内申请复议一次，复议期间不停止裁定的执行。法院对复议申请应当从以下几个方面进行审查：①被申请人正在实施或者即将实施的行为是否侵犯著作权；②不采取有关措施，是否会给申请人的合法权益造成难以弥补的损害；③申请人提供担保的情况；④责令被申请人停止有关行为是否损害社会公共利益。

第二，诉前证据保全。诉前证据保全的目的是保全与被控侵权行为相关的证据，为保护著作权人的权益、制裁侵权行为保留必要的证据。与被控侵权行为相关的证据既包括被控侵权行为构成侵权的证据，如其制造、销售被控侵权产品的证据，也包括其对被控侵权行为应承担的民事责任方面的证据，如与被控侵权行为相关的财务账册，以证明被控侵权产品的制造、销售数量及其获利情况。

为制止侵权行为，在证据可能灭失或者以后难以取得的情况下，著作权人或者邻接权人可以在起诉前向人民法院申请保全证据。人民法院在接受申请后，必须在 48 小时内做出裁定，裁定采取保全措施的，应当立即开始执行。人民法院可以责令申请人提供担保，申请人不提供担保的，驳回申请。申请人在人民法院采取措施后 15 日内不起诉的，人民法院应当解除保全措施。

著作权人和邻接权人申请诉前保全证据的，应当向侵权行为地或被申请人所在地的人民法院提起，并递交书面申请书和缴纳相关的费用。申请书应当说明以下情况：当事人及其基本情况；申请保全证据的具体内容、所在地点、范围；请求保全的证据能够证明的对象；申请的理由，包括证据可能灭失或者以后难以取得，而且当事人及其诉讼代理人因客观原因不能自行收集的具体说明，这一点非常重要。因为在著作权诉讼中可以非常容易地销毁侵权证据，尤其是涉及计算机软件、互联网等类型的纠纷；有些证据的取得时机稍纵即逝，如试图取得被控侵权人销售侵权物品如计算机软件、光盘等方面的证据，再如被申请在互联网上从事盗版行为的证据。然而，这一切并不应该是法院要采取证据保全措施的理由。因为当事人可以自行收集或者是在公证机关的协助下来收集这些证据。

此外，人民法院做出诉前证据保全的裁定，应当限于著作权人或邻接权人申请的范围。申请人申请诉前保全证据可能涉及被申请人财产损失的，人民法院可以责令申请人提供相应的担保。申请人不提供担保的，驳回申请。

第三，诉前财产保全。诉前财产保全的目的是避免给申请人的合法权益造成难以弥补的损害。此处的财产可能涉及两种：①被控侵权的商品；②被申请人可以用来承担民事责任的资产。对于被控侵权商品，如申请人不采取诉前财产保全措施，而任之流入市场，有可能给申请人的商誉、市场份额等无形资产造成难以弥补的损害。而对被申请人责任财产的保全，是为了保证法院判决的执行。

著作权人或邻接权人有证据证明他人正在实施或即将实施侵犯其权利的行为，而且不加以及时制止将会使其合法权益受到难以弥补的损害的，可以在起诉之前向人民法院提出申请，采取财产保全的措施。人民法院在处理有关财产保全措施的申请时，适用《中华人民共和国民事诉讼法》第93条至第96条和第99条的规定。

根据《中华人民共和国民事诉讼法》的有关规定，利害关系人因情况紧急，不立即申请财产保全将会使其合法权益受到难以弥补的损害的，可以在起诉前向人民法院申请采取财产保全措施。申请人应当提供担保，不提供担保的，驳回申请。人民法院在接受申请后，必须在48小时内做出裁定。裁定财产保全措施的，应当立即开始执行。财产保全限于请求的范围，或者与本案有关的财产。财产保全采取查封、扣押、冻结或者法律规定的其他方法；人民法院冻结财产后，应当立即通知被冻结财产的人；财产已被查封、冻结的，不得重复查封、冻结。被申请人提供担保的，人民法院应当解除财产保全。申请有错误的，申请人应当赔偿被申请人因财产保全所受的损失。当事人对财产保全的裁定不服的，可以申请复议一次。复议期间不停止裁定的执行。

第四，举证责任及倒置。在著作权民事侵权诉讼中，举证责任的分配和履行是非常重要的一环，直接关系到当事人能否赢得诉讼。由于著作权所具有的特殊性质，相关法律和司法解释在举证问题上也有一些特殊规定。在涉及著作权侵权纠纷时，一般情况下仍然遵循谁主张谁举证的责任，特殊情况下实行举证责任倒置。

当事人提供的涉及著作权的底稿、原件、著作权登记证书、合法出版物、认证机构出具的证明、取得权利的合同等，可以作为证据。当事人自行或者委托他人以定购、现场交易等方式购买侵权复制品而取得的实物、发票等，也可以作为证据。公证人员在未向涉嫌侵权的一方当事人表明身份的情况下，如实对另一方当事人按照前述方式取得的证据和取证过程中出具的公证书，应当作为证据使用，但有相反证据的除外。已经出版的出版物（含录音录像制品）上标明了作者等相关权利人信息的，出版物即为证据，由否认者举证证明标明的权利人不是或者不应该是权利人。

由于著作权作为无形财产权的特性，要证明被告未经许可使用作品，只需要证明被告有合理的机会接触作品，同时被告使用的作品与自己的作品之间存在"实质性相似"即可。在原告起诉被告直接侵犯著作权，而且要求被告承担停止侵权民事责任的情况下，由于构成直接侵权无须行为人具有主观过错，原告的举证责任相对而言是很容易履行的。原告只需要证明自己是相关作品的著作权人，以及被告未经许可使用了自己的作品。在要求被告承担赔偿责任的情况下，原告应当证明被告的侵权行为具有主观过错。同时举证证明自己的实际损失的数额或被告因侵权所获得的利润的数额。某些情况下，也可能发生举证责任倒置，即由被控侵权人证明自己的行为合法，而权利人只需要证明被控侵权人有相关行为即可。

第五，诉讼时效。根据最高人民法院《关于审理著作权民事纠纷案例适用法律若干问题的解释》的规定，侵犯著作权的诉讼时效为两年，自著作权人知道或者应当知道侵权行为之日起计算。权利人超过两年起诉的，如果侵权行为在起诉时仍在持续，在该著作权保护期内，人民法院应当判决被告停止侵权行为，但侵权损害赔偿数额应当自权利人向人民法院起诉之日起向前推算两年计算。

该解释主要针对侵犯无形财产权与有形财产权的情况不同而做出的。因为无形财产权的侵权绝大多数情况下，通常是连续性的侵权。因此，如果侵权是连续性的，只要有关的权利仍然在法律保护的期限之内（如作者的有生之年加死后 50 年），著作权人或邻接权人就可以随时提起侵权诉讼，要求侵权人停止侵权，并就诉讼提起之日起 2 年内的侵权行为要求损害赔偿。因此，该解释的理由，应该是出于持续侵权行为理论。按照该理论，某个侵权行为一直处于持续状态时，相当于每时每刻都在产生新的侵权行为，因此，该行为不可能超过诉讼时效。

第二节　知识产权的专利权

一、专利的认知

（一）专利法的定义

专利法是调整因授予发明创造专有权和利用发明创造专有权，而产生的各种社会关系的法律规范的总和。专利制度的特点之一就是充分公开技术，这就使得技术的传播更为迅捷，人们没有必要为相同的技术耗费人力、物力和财力；同时，这一制度又充分地保护发明人享有的垄断权，使其从中获取收益。

"专利"一词，在日常工作中有三种含义：①指专利权，如"某某企业拥有该种产品的专利"；②指专利权的发明创造本身，如"专利权人有义务公开其专利"；③指记载发明创造内容的专利文献，如"查专利"等。但总而言之，"专利"一词，主要指专利权。

（二）专利的形式

1. 发明专利

发明是专利保护的主要对象。发明是指对产品、方法或者其改进所提出的新的技术方案。作为专利的发明，与一般技术意义上的发明不同，它是一个法律概念。首先，揭示自然规律的科学发现不能被认为是发明，因为科学发现是对自然规律的认识，而发明必须是对自然规律的利用；其次，发明是利用自然规律的技术性方案，故智力活动的方法、规则不能成为发明；最后，发明应具有工业上的实用性，具有多次的重复性。

2. 外观设计专利

按照《中华人民共和国专利法》第2条第4款的规定：外观设计是指对产品的整体或局部的形状、图案或者其结合以及色彩与形状、图案的结合所做出的富有美感并适于工业应用的新设计。外观设计在国外通称工业品外观设计，将此予以法律保护，主要是为了促进产品外形、式样不断翻新，增强产品竞争能力，丰富商品，满足人们对于产品的外形、图案、色彩的不同消费需要。对于外观设计，现在各国一般采取两种法律保护形式。一种为著作权法保护形式，另一种为专利法保护形式。我国采取后一种方式，因此，外观设计是我国专利保护的客体。外观设计申请专利，应该符合以下要求。

（1）外观设计是指形状、图案、色彩或者其结合的设计。外观设计的对象是形状、图案、色彩或者其结合，这与以概念性技术方案为对象的发明和实用新型不同。形状是指三维空间的立体造型，如电视机、冰箱、酒杯、香水瓶等；图案一般是二维的平面设计，如地毯图案、床单花色、壁纸花纹等，由线条、色彩构成二维平面的装饰图案。色彩一般是构成图案的成分。许多情况下，外观设计是形状、图案、色彩的结合。

（2）外观设计必须与产品结合在一起，即外观设计必须是对产品的外表所作的设计。外观设计必须应用于具体的产品上，单独的设想或用于装饰的独立存在的图案不能算外观设计。例如，一幅油画，只是一件美术品，不算外观设计，当将它绘制在一件具体的物品上时，就成了外观设计。产品必须是具有一定形状的、可以成为交易对象的、可以移动的东西。

（3）外观设计必须富有美感。是否要求外观设计富有美感，各国做法不一，多数国家并不明确提出美感这一要求，只要外观设计具有视觉特点，能引起人们的注意就可以了。我国要求外观设计必须通过视觉引起美感，不应以专利审查员的喜恶为标准，也不应从艺术美的观点来判定，而应以广大消费者的认同观点加以衡量。

（4）外观设计必须是适合于工业上应用的。适合于工业上应用，是指使用外观设计的产品经过工业生产过程能够大量地复制生产，包括通过手工业大量地复制生产。外观设计不同于艺术创作，在艺术创作中即使同一个人也不能创造出两件完全相同的艺术品。而外观设计，则是任何人用工业方法都能够大量复制生产的。

3. 实用新型专利

《中华人民共和国专利法》第2条第3款规定：实用新型是指对产品的形状、构造或者其结合所提出的适合于实用的新的技术方案。由于实用新型的创造水平较低，故人们通常又称其为"小发明"。例如，制造出第一部电话机是发明，后来将原电话机分离的送话筒和受话筒组合在一起，则是实用新型。

根据上述关于实用新型的定义，可以得知我国实用新型保护的客体必须具有一定的形状或者结构，或者是形状和结构的结合。形状是指外部能够观察到的产品的外形，结构一般是指组件或者零件的有机联结或者结合。即使是产品，如果没有固定的形状，如液体、气体、粉状产品等，或者是材料本身，如药品、化学物质以及玻璃、水泥、陶瓷等，也不属于实用新型。但是，如果上述材料作为具有一定形状的产品的一部分，并且和其他部分有机地结合在一起而产生一定的效果，则可成为实用新型保护的客体。

实用新型专利的产品形状或者产品结构必须具有功能作用，即实用的。所以，不实用的美术作品，如雕刻、建筑、绘画、珐琅、刺绣等，不能申请实用新型专利。产品的结构要有一定的功能作用，产品的形状也要有一定的功能作用。实用新型所保护的也是一种解决技术问题的方案，因此，在本质上与发明是一致的。但实用新型与发明又是两种不同的专利形式，其不同之处主要在于：①实用新型的创造性水平要低于发明；②实用新型仅涉及产品而不包括方法，并且产品必须具有实用性的立体造型。在采用注册方式的国家，专利法不适用于实用新型，对实用新型有专门制定的实用新型法律。而在采取专利形式的国家，对实用新型在专利法中一并加以规定。

（三）专利的申请原则

按照《中华人民共和国专利法》的专利申请原则，对于同一个发明只能授予一个专利权。当出现两个以上的发明人或设计人就同一发明分别提出专利申请的情况时，实行的是先申请原则。先申请原则是指当两个以上的人就同一发明分别提出申请时，不问其做出该项发明时间的先后，而按其提出专利申请时间的先后为准，即把专利权授予最先提出申请的人，我国和世界上大多数国家都采用这一原则。申请原则还表现在，发明人对于自己的发明成果，只有申请才可能获得国家的专利授权，不申请则肯定不会获得专利权。

（四）不能获得专利保护的发明创造

对违反法律、行政法规的规定获取或者利用遗传资源，并依赖该遗传资源完成的发明创造，不授予专利权。对下列各项不授予专利权：①科学发现；②智力活动的规则和方法；③疾病的诊断和治疗方法；④动物和植物品种；⑤用原子核变换方法获得的物质；⑥对平面印刷品的图案、色彩或者二者的结合做出的主要起标识作用的设计。

二、专利权的内容

专利权的内容包含以下几个方面。

（一）专利权人的实施权利

"实施"的含义很广，主要指在取得专利权的国家或地区为生产经营目的制造、使用或者销售其专利产品，或者使用其专利方法。专利权人享有实施其专利的权利，包括两方面的内容：①专利权人有权实施自己的专利，通过实施专利，在市场上占据有利地位，提升效益，补偿投资；②专利权人有权禁止他人实施其专利，当专利权受到侵害时，有请求法律保护的权利，以保持自己的竞争优势。

第一，制造该产品。制造该产品是指用某种行为制造权利要求书所说明的那种产品。至于用何种方法制造、制造多少数量、在国内何地制造，这些都无关紧要。对于产品专利，无论产品用何种方法制造，只要产品是权利说明书所说明的那种产品，就应受到保护。

第二，使用该产品。使用该产品是指按照规定使该产品得到应用。一种产品，根据它的技术功能，可有一种或多种用途，无论用它的哪一种用途，无论反复连续使用还是只用了一次，无论在特定的情况下，谁是专利产品的使用者，也无论在特定的情况下，使用者为何使用该产品，都是应受保护的使用。

第三，销售该产品。销售该产品是把权利要求中所说产品的所有权从一方（卖方）转移给另一方（买方），而卖方则应把相应的价金支付给买方。

第四，使用该方法。使用该方法是指实际上采用该方法来实现专利申请的请求权项中所提到的目的。只要一种特定的使用包括在发明专利的请求权项的范围内，这种使用行为就是受保护的行为。

（二）专利权人转让其专利的权利

专利权的转让是指权利主体发生了变更，这种变更可以因权利人自愿转让而发生，如买卖、交换与赠予，也可以因法定原因而发生，如专利权人死亡或企业失去存在。权利人是自然人时，他一旦死亡，其专利权就依继承法的规定而移转给有权继承的人。权利人如果是法人，一旦发生改组、合并或解散，其专利权也依法移转给有权继受该权利的法人组织。专利权转让的实质是所有权的转让。《中华人民共和国专利法》第10条规定专利权可以转让，并对专利权转让的原则和程序做了规定。

专利权的转让原则上是自由的，但在特定情况下，也有一些限制。例如，《中华人民共和国专利法》第10条第2、3款对专利权转让就做了限制性的规定："中国单位或者个人向外国人、外国企业或者外国其他组织转让专利申请权或者专利权的，应当依照有关法律、行政法规的规定办理手续。转让专利申请权或者专利权的，当事人应当订立书面合同，并向国务院专利行政部门登记，由国务院专利行政部门予以公告。专利申请权或者专利权的转让自登记之日起生效。"这样规定是因为我国单位和个人的发明创造，都是人民财富的象征，特别是一些有关国家安全或国计民生的重要发明创造，更直接关系到国家的利益。

转让专利权必须订立书面合同，必须经专利局登记和公告后生效。专利权转让与技术许可不同，技术许可转移的只是技术的使用权而不是技术的所有权；专利权转让则涉及技术所有权的转移，即权利主体的变更。

（三）专利权人许可他人实施专利的权利

许可就是指专利权人（供应方或许可证卖方），通过签订许可协议允许他人（接受方或许可证买方）在一定条件（期间、地域、方式）下对取得专利的发明有制造、使用、许诺销售、销售或进口等全部或一部分权利。接受方得到的只是对专利发明的使用权而不是所有权。许可的实质就是专利权人同意被许可人可以做专利权人本来有权禁止做的行为。专利许可意味着被许可人有权在专利权期限或者许可的时间内，在专利权效力所及的全部或部分领域，对专利保护范围内的发明创造加以利用。专利许可可分为独占许可、排他许可和普通许可。

（四）标明专利标记与放弃专利的权利

在专利产品或产品的包装上标明专利标记和专利号，也是专利权人的一种权利。专利标记是指标明"专利"或者"中国专利"的字样。

专利权人可以放弃其专利权。放弃方式有两种：一种是不交年费；另一种是书面声明。专利权人放弃专利权以后，其发明创造成为社会的共同财富，任何人都可以自由使用。

三、专利权的获得

企业、个人申请专利权，应该符合社会发展的基本道义，对违反国家法律、社会公德或者妨害公共利益的发明创造，《中华人民共和国专利法》明确规定不授予专利权。

（一）专利权的法律特征

专利权（简称专利），是指按照专利法的规定，由国家专利机关授予发明人、设计人或其所在单位及其权利继受人，在一定期限内对某项发明创造享有的专有权，包括精神权利和物质权利。专利权的基本法律特征包括：①独占性，指专利权人有权排除他人未经许可对该专利产品的制造、使用和销售，或者对该种专利方法的使用；②地域性，指专利权的享有只限于授予国法律管辖的范围内，只受该国法律的保护；③时间性，指专利权只在法律规定的期限内有效，期限届满，专利权人即丧失独占性，任何人都可以自由利用该项发明创造。

（二）专利取得的原则

目前，世界上实行专利制度的国家通常采取两种处理原则。

第一种原则是先发明原则。按照这一原则，当对同一内容的发明有两个或两个以上的人提出专利申请时，专利权授予最先完成该发明的人，即最先发明人。该原则的优点是促使发明人不必担忧他人抢先申请而丧失权利，可以安心、细致周密地完成发明创造，使提出专利申请的技术更成熟、更完善。该原则保护的是真正的发明人，但其弊端也是显而易见的，主要包括：①不能促使发明及早公开，使社会不能更早地从该发明创造中获益，有碍技术交流和技术上的借鉴；②专利机关难以确定谁是最先发明人，给专利机关的专利审批工作带来困难；③影响已有专利的稳定。因为即使某人获得了专利权，但他随时都有可能因有比他在先发明的人申请专利而丧失已获得的权利，这在一定程度上影响了已获专利的发明创造的开发和投产。

第二种原则是先申请原则。按照先申请原则，当两个以上的发明人或设计人分别就同一内容的发明创造提出专利申请时，专利权授予最先提出申请的人，即最先申请的人。先申请原则避免了先发明原则的弊端，它可以促使发明人尽快申请专利，及早公开发明的内容，以利于技术交流和科技进步。同时，减轻了专利机关的审批工作，专利机关只要按照档案资料所记载的申请日，即可判定谁是最先申请的人。为了避免先申请原则可能造成的人们将技术上尚不成熟、技术价值不高或者没有价值的项目草率提出专利申请，导致申请数量非正常地增加，不必要地加重专利机关工作负担的现象，一般地，各国在审查程序立法中都规定了延迟审查制度，使申请人在提出申请后的几年内考虑是否要求实质审查。

两个以上的申请人分别就同样的发明创造申请专利的，专利权授予最先申请的人。因此，确定谁是最先申请的人极为重要。而确定谁为最先申请的人，唯一的标准是申请人提出专利申请的时间。时间有不同的单位。目前，世界各国在此问题上分别采用两个时间单位：申请时和申请日。以申请时判断申请时间先后，无疑是非常精确的，可以避免一些纠纷。但采用这种办法不但比较复杂，而且需要一定的物质条件，而且同一发明在同一时刻提出申请的可能性很小，所以大多数国家以申请日作为判断申请时间先后的标准。《中华人民共和国专利法实施条例》第41条规定："两个以上的申请人同日（指申请日；有优先权的，指优先权日）分别就同样的发明创造申请专利的，应当在收到国务院专利行政部门的通知后自行协商确定申请人。"这意味着在不同的日期申请专利的，以申请日为判断申请先后的标准；就同一发明创造在同一日申请时，两个以上的申请人可以自行协商确定申请人，其协商结果可以是某一方为发明人，另一方无偿使用；但更多的是以共同发明人的身份申请。若协商不成时，则专利机关驳回其申请，没有公开的技术各自以技术秘密的方式保护，已经公开的技术成为公有技术。

(三) 专利权的新颖性标准

判断新颖性是比较复杂的，在各国的实践中，新颖性用以下三个标准来判断。

1. 判断新颖性的公开标准

公开是指某项技术已为人们知晓，成为人们共知的技术。这里的公开，并不要求每个人都知道，而是要求每个人都能合法地知道，即要求该技术脱离秘密状态。因此，某项发明公开与否，是决定其是否具有新颖性的条件。判断新颖性的公开标准，主要包含以下方面。

(1) 书面公开，是指将发明创造的内容以书面的形式公开，即将发明创造具体内容用文字、符号、数字、图形印刷、打印、手写、拍照、录制在纸张、胶片、影片录像带、计算机卡等载体上，这类东西统称为出版物。典型的是专利文献、科学技术杂志和书籍。

应当注意的是：①判断这类出版物是否公开的标准，要看出版物是否处于为不特定的人可以看到的状态。如果一份有关发明内容的出版物可以被任何希望看到它的人，通过购买、借阅等正常的合法的方法而得到，即认为该出版物已经公开，而无论它是否实际上真的被人们所购买、借阅；②如果该出版物是秘密出版，仅提供给特定的机关、组织使用，或只提供给特定的人阅读，那就不能认定该发明已经公开；③公开还应使该技术领域一般技术水平的人能够懂得该项发明创造并能够实施该项发明创造；④对书面公开的理解和解释，不以作者想说的内容为准，而是以作者实际上是怎么写的，本专业普通技术人员客观的理解为准。

(2) 使用公开，通过公开使用而使发明创造的内容被一般公众所了解，这包括新产品的制造、销售和使用，以及实物表演和展览会展出。所谓公开使用必须具备两个条件：①任何人均能看见，这就要求使用应该在公众可以到达的地方进行，以便公众能观察到技术是怎样在实践中应用的；②具有一般技术水平的人能够从这种使用中取得实施该项技术的经验，这就要求使用中必须把这一技术解决方案的全部细节表述清楚，否则，不能算作公开使用，也就不能使发明丧失新颖性。

出售产品是一项最为直接的使用发明的方式，可据此判定是公开使用而认定发明创造丧失新颖性。如果一项解决问题的技术方案是体现在某种产品上的，那么，出售这种产品就可能使该技术方案被购买到此种产品的公众了解、实施。正因为如此，许多国家的专利法明确规定，出售是排斥发明新颖性的使用公开。

（3）口头公开，就是以语言的形式公开发明创造的内容，这可以是在人数众多的集会上的讲演、报告，也可以是在广播电台的演说、电视屏幕上的讲话、课堂上的讲授。但无论哪一种形式，都应该具备为公众所听见的特征，即只要一般公众想听便都可以听到。因此，仅仅是在讨论会上或几个人研究问题时说的，不能视为口头公开。另外，口头公开也应该像书面公开那样，关于发明内容的说明必须清楚、详细和完整，使在这方面具有一般技术水平的人都能懂得和实施，否则，不能视为口头公开。实践中许多要求使用复杂图式或公式的技术解决方案常常被排除在口头公开之外。

公开某一技术解决方案可以利用以上任何一种形式，有时可结合三种形式同时使用。例如，在某一展览会公开展出一台新机器，并在新机器旁放置该机器的使用说明书供人们阅读。此外，还有发明人向观众亲自演示机器的操作方法，这种公开就同时利用了上述三种公开形式。上述公开，既可以是发明人本人做出的，也可以是了解发明的其他任何非发明人，包括合法和非法地得知发明内容的人。一项发明创造脱离了保密状态，而处于一般公众可能得知的状态，除了法律规定的情况，就可认定是公开的技术，因而也就丧失了新颖性，至于实际上有多少人真正知道则是无关紧要的。

在公开审理的案件庭审过程中，当事人在法庭上出示或者交换的诉讼证据也会构成专利法意义上的公开。因此，凡是涉及技术秘密的案件在法院开庭审理前，当事人应该主动申请不公开审理。随着互联网的应用，网上公开已成为一种常见形式，目前法律虽没有明确其公开的法律后果，但也可以参照公开的一般含义予以理解。

2. 判断新颖性的地域标准

判断一项技术是否具有新颖性，除了要看它在一定的时间以前是否已经公开过，还要看这种公开是否是在一定的地域内发生的，这就是判断发明新颖性的地域标准问题。在不同的国家之内，法律对于公开的地域有不同的规定。目前，从各国专利法规定而言，判断新颖性的地域标准主要包括以下几个方面。

（1）世界新颖性标准。采用这一标准，要求一项技术必须是在全世界范围内的任何地方都没有公开过，才算是具有新颖性。只要世界范围内的任何一个地方公开过此技术，无论这种公开利用的是何种方式，均认为丧失了新颖性。因而，这一标准又称为绝对新颖性标准。采用这种标准的，多是工业发达国家。

（2）本国新颖性标准。采用这种标准时，判断一项技术是否具有新颖性，是以该项技术在一国之内是否公开过为准。一项技术如果在一国之内从未以任何方式公开过，即认为具有新颖性，而不论它是否已在国外公开过。外国的出版物只从其到达本国领土日期起才能够损害申请专利的发明创造的新颖性。如果外国出版物没有进入本国的领土，则在审查新颖性时对外国出版物不予考虑。采用这一标准的，多为经济、技术发展较慢的国家。

（3）有限制的世界新颖性标准，或者称混合新颖性标准，这是第一种标准和第二种标准的结合。采取这种标准的国家，区分公开的方式而对公开的地点有不同的规定。对于书面公开，采取世界新颖性标准，对于其他方式的公开，则采取本国新颖性标准。

3. 判断新颖性的时间标准

由于相同内容的发明创造可能由不同的人分别独立地完成，而发明创造的新颖性又取决于它是否已经公开，因此就产生了从何时开始确定发明创造新颖性的问题，即某一项发明创造从何时就具有法律意义的新颖性，从而对后来的相同内容的发明创造取得了优先权，这就是专利法理论上所说的判断新颖性的时间标准问题。对此，世界各国专利法规定不尽相同，大致做法包括以下几个方面。

（1）以完成发明创造的时间为标准，即发明日标准，也就是以发明人完成发明创造的日期确定发明创造新颖性的时间界限。凡是完成日之前未被人们所知道，就认为该发明创造具有新颖性，尽管到申请时已经成为旧技术。如果两个以上的发明人或其合法继受人就相同的发明提出专利申请，则根据发明在先的原则将专利权授予最先发明的专利申请人，这就等于承认发明人可以保密，在相当的时间内不公开他的技术，真正的发明时间很难确定，发生争议时也很难取证。

（2）以提出专利申请的日期作为判断新颖性的标准，即申请日标准（要求优先权的以优先权日为标准），这是绝大多数国家采取的做法。凡是在申请日以前未公开的发明创造，都是新的发明创造。即使是在申请日公开的，也不构成现有技术。他人在专利申请日之后提出的专利申请，不能影响该发明创造的新颖性。一般实行申请日标准的国家都实行最先申请原则，即相同的发明创造在不同日期有两件以上专利申请案时，只有最先申请人可以取得专利权。

（3）以提出专利申请的时刻作为判断新颖性的标准，即申请时标准。日本专利法采取这种做法。凡是在申请专利时，以前未公开过的，就是新的发明创造。因此，如果申请人就某项发明创造于某日某时提出专利申请，而另外的人已经于该日的前一时刻通过某种方式公开了发明创造的内容，那么该项申请专利的发明创造就因此而失去新颖性，不可能取得专利权了。可见，以申请时为标准较之于以申请日为标准，对发明创造的新颖性要求更为严格。采取这种做法需要邮局注明收寄专利申请的具体时间，直接向专利机关递交专利申请时，则需要专利机关注明受理专利申请的具体时间。

4. 丧失新颖性的例外

在某些情况下，即使符合上述关于丧失新颖性的标准，也不认为发明创造丧失了申请专利权的新颖性法律条件，这就是很多国家的专利法所明确规定的丧失新颖性的例外。申请专利的发明创造在申请日以前6个月内，有下列情形之一的，不丧失新颖性：①在中国政府主办或者承认的国际展览会上首次展出的；②在规定的学术会议或者技术会议上首次发表的；③他人未经申请人同意而泄露其内容的。

（四）专利权的创造性标准

《中华人民共和国专利法》第22条第3款规定："创造性是指与现有技术相比，该发明具有突出的实质性特点和显著的进步，该实用新型具有实质性特点和进步。"和新颖性一样，创造性也是一个相对的概念。认定某一发明创造是否具有创造性，要有一定的参照标准。按照我国专利法的规定，确定申请专利的发明创造的创造性，要与申请日（有优先权时，是优先权日）以前公开的技术相比，包括在国内外出版物上公开发表的，在国内公开使用过的，或者以其他方式为公众所知的一切技术。

确定创造性一般而言有两种办法：①从正面规定，要求该发明创造具有先进性和独创性等；②从反面规定，要求该发明创造具有非显而易见性。我国专利法就是从正面规定的。所谓实质性特点，是指发明创造具有一个或多个技术特征，与现有技术相比具有本质上的区别。判断创造性一般有以下标准。

1. 人员标准

对一项发明创造而言，凡是其所属技术领域的普通技术人员不能直接从现有技术中得出构成该发明创造的全部必需技术特征的，都应认为是具有突出性特点。因此，判断创造性的人员标准是：该技术所属领域的普通技术人员，这类人员指的是在完成发明创造时已经具有该发明所在技术领域内所共有的知识和工作经验的人，其知识的水平应是一般的、中等的。不具备发明创造有关领域的必要知识和经验的人的意见，对于确定创造性没有意义。另外，也排除该领域内的高度熟练的专家。

2. 技术标准

判断创造性的技术标准，指该发明创造具有实质性特点和进步这两个因素，缺一不可。由于实质性特点和进步只是概括了有关发明创造的创造性条件的一般标准，很抽象，具有不确定性，因此，确定一项发明创造与现有技术相比是否具有创造性时，受审查员、专家和法院审判员主观观念和经验、学识影响的可能性会很大。为了避免因此产生的一些不客观、不公正的弊端，许多国家在多年的司法实践中形成了一些判断发明创造的实用规则，也有人称这些规则为"判断非易见性的实用规则"。

（1）"首创性的"解决方案或称为"开拓性"的发明创造。全新的技术解决方案或对已知课题采用绝对新的办法的解决方案。某种发明创造是首创性的，指其在技术史上是未曾有过的，并且为科学技术的发展开辟了新纪元。

（2）发明解决了长期以来渴望解决的问题。某些问题长期没有相应的技术解决方案，客观上说明其技术难度很大，当然，时间长短会因技术领域的不同而不同。一种技术方案，解决了长期困扰人们的问题，应该认为其发明创造具有创造性。

（3）产生新效果的发明创造。一些发明，与现有技术相比，具有出乎意料的效果，主要包括以下几点。

第一，组合发明。新技术与现有技术结合的技术解决方案，如果新的技术要素从本质上改变了已知要素的功能及其相互作用，并且整个结合提供了出乎意料的效果，则认为其具有创造性。现有技术要素结合而成的技术解决方案，如果其中某一要素有着前所未有的功能，并且产生了某种新的效果，或者它们的结合提供了比全部组成要素效果的总和还优越的新效果，该技术解决方案也认为具有创造性。

第二，选择发明。选择发明的创造性，不在于它是否提供新的物质方法或制品，也不在于供选择的各种方案是否是公知的，而在于是否因选择而表现出新的和未料到的性能，这些性能不同于已知的那些性能，它可以取得质量方面的新效果，或使已知的效果成倍增加。

第三，应用发明。按某种产品新的用途应用于不同的对象，如果发现这种使用表现有某些新的特性、意料之外的性能，能完成非同寻常的功能，即新的应用产生新的成果时，则承认技术解决方案具有创造性。创造发明的方法不应对创造性的评价产生影响。因为在日常生活中，创造发明的方法很可能是偶然的或非常简单的。用方法得出的解决方案，如果构思新颖并且是非显而易见的，它就具有创造性。另外，技术方案的简易性也不能影响对其创造性的评价，这一规则为各国法院所采用。

（五）专利权的实用性标准

实用性这一条件要求申请专利的发明创造必须具备以下几个标准。

1. 再现性

再现性是指能使所属技术领域的普通技术人员可以无数次地反复制造或使用，这种重复必须是可靠的，而不是随机的。如果只是在某种独一无二的条件下才能实施，在其他条件下无法实施就不能认为其具有实用性。例如，在某地建筑的一座桥梁，就不能是专利权的对象。

1. 有益性

此外，实用性这一条件还要求发明创造具有有益性。有益性是指发明创造的应用必须能够产生积极的社会、经济或技术效果。我国专利法明确规定，实用性是指能够制造或使用，并且能够产生积极效果。因此，那些明显无益、脱离社会需要、严重污染环境、严重浪费能源以及恶劣的发明创造，就不具备法律规定的实用性，故不能取得专利权。

3. 可实施性

可实施性指如果是一项产品发明，那么该产品必须能够用工业方法制造出来；如果是一项方法发明，那么该方法必须能够用工业方法加以利用。工业实用性要求：①申请专利的发明必须已经完成；②所属技术领域的普通技术人员按照说明书即能制造或者使用；③专利的申请不能仅仅提出任务，而无具体的解决方案；④专利的申请不能违背自然规律，违背自然规律的发明是根本不能实现的东西；⑤实用性还要求发明必须是技术上可以实现的。即使发明符合自然规律，但如果在技术上是一时难以实现的，也不能认为具有实用性。

四、专利权的保护

（一）专利权的保护期限

专利权具有时间性，这是作为知识产权的专利权同有形财产的所有权相区别的特征之一。对有形财产的所有权而言，如果财产本身不消灭，财产所有人对财产的所有权是始终存在的。专利权则不是这样，法律规定的专利期限届满或提前终止，尽管发明创造的技术本身还存在，但专利权却不存在了。也就是说，对该项技术的独占使用权不存在了，该发明创造成了社会财富，任何人都可以无偿使用。法律对专利权期限的规定，既要考虑保护专利权人的利益，规定的保护期限不能太短，否则不利于调动发明创造者的积极性；同时又要考虑国家和社会公众的利益，对专利权的保护周期不能过长，否则不利于先进技术的推广和应用。

发明专利权的期限为 20 年，实用新型专利权和外观设计专利权的期限为 10 年，均自申请日起计算。当然，对专利权人而言，在法定的专利保护期限内，专利权人可以根据本专业技术发展的周期及专利技术的实施情况，通过不缴纳年费或者声明放弃专利权的办法，自行决定其实际受保护期限的长短。

专利权的期限自申请之日起计算，即自专利申请人向中国专利行政部门实际提交专利申请之日起计算，这里所指的申请日，不包括优先权日，只是计算专利权期限起算日期，至于专利权的生效，依照《中华人民共和国专利法》第39条、第40条的规定，应为国务院专利行政部门发给专利证书，并自公告之日起生效。

（二）专利权的保护范围

确定专利权的保护范围，应当坚持以权利要求的内容为准的原则；以说明书及附图解释权利要求，应当采用折中解释原则。既要避免采用"周边限定"原则，即专利的保护范围与权利要求文字记载的保护范围完全一致，说明书及附图只能用于澄清权利要求中某些含混不清之处；又要避免采用"中心限定"原则，即权利要求只确定一个总的发明核心，保护范围可以扩展到技术专家看过说明书与附图后，认为属于专利权人要求保护的范围。折中解释应当处于上述两个极端解释原则的中间，把对专利权人的合理正当的保护与对公众的法律稳定性及其合理利益结合起来。

发明或者实用新型专利权的保护范围以其权利要求的内容为准，说明书及附图可以用于解释权利要求的内容。专利权的保护范围是指发明、实用新型和外观设计专利权的法律效力所及的范围。专利权是一种无形财产权，由法律明确规定专利权的保护范围，划清专利侵权与非侵权的界限，既有利于依法充分保护专利权人的合法权益，又可以避免不适当地扩大专利保护的范围，损害专利权人以外的社会公众的利益。

发明或者实用新型专利权的保护范围，以其权利要求的内容为准，说明书及附图可以用于解释权利要求。这一规定包括两层含义：①一项发明创造专利权的保护范围，须以其权利要求为准，即以由专利申请人提出的并经国务院专利行政主管部门批准的权利要求书中所记载的权利要求为准，不小于也不得超出权利要求书中所记载的权利要求的范围。②说明书及附图对权利要求具有解释的功能，可以作为解释权利要求的依据。但是，相对权利要求而言，说明书及附图只具有从属的地位，不能单以其作为发明或者实用新型专利权保护的基本依据。基本依据只能是权利要求书。

外观设计专利权的保护范围，以表示在图片或者照片中的该外观设计专利产品为准。这一规定表明，外观设计专利权的保护范围，以体现该产品外观设计的图片或者照片为基本依据。需要说明，外观设计专利权所保护的"表示在图片或者照片中的该外观设计专利产品"的范围，应当是同类产品的范围；不是同类产品，即使外观设计相同，也不能认为是侵犯了专利权。

（三）专利权的终止、无效与后果处理

专利权人获得专利权后，因为一定的法律事件的出现，可能导致专利权的无效和终

止。由于专利权的终止在法律上视为"自始即不存在"，这时，因当事人之前的专利权而产生的经济后果如何处理，就变得极为重要。

1. 专利权的终止

专利保护期限届满，专利权终止；有下列情形之一的，专利权在期限届满前终止：没有按照规定缴纳年费的，或者专利权人以书面声明放弃其专利权的。

2. 专利权的无效

自国务院专利行政部门公告授予专利权之日起，任何单位或者个人认为该专利权的授予不符合专利法有关规定的，可以请求专利复审委员会宣告该专利权无效。对专利复审委员会宣告专利权无效或者维持专利权的决定不服的，可以自收到通知之日起三个月内向人民法院起诉。人民法院应当通知无效宣告请求程序的对方当事人作为第三人参加诉讼。

3. 专利权无效的后果

宣告无效的专利权视为"自始即不存在"。宣告专利权无效的决定，对在宣告专利权无效前人民法院做出并已执行的专利侵权的判决、调解书，已经履行或者强制执行的专利侵权纠纷处理决定，以及已经履行的专利实施许可合同和专利权转让合同，不具有追溯力。但是因专利权人的恶意给他人造成的损失，应当给予赔偿。如果依照前一规则，不返还专利侵权赔偿金、专利使用费、专利权转让费，明显违反公平原则的，应当全部或者部分返还。

（四）专利申请过程中对专利权的保护

对专利权的保护，要从专利申请的过程中予以保护。其主要是针对国家专利授权部门公示的专利申请方案，及时查阅，一方面，利用自己在先的专利技术制约其他企业相同或者类似的专利申请，这个往往被称为是对其他企业的专利制约力；另一方面，防止其他企业或者个人将本该可以免费使用的公有技术申请专利，从而增加自己使用公有技术的成本。对专利权的保护，要从侵犯专利实体权利的角度依法请求保护。

五、专利权侵权行为的判定原则与法律责任

专利侵权是指在专利有效期内，未经专利权人许可，为生产经营目的制造、使用、许诺销售、销售及进口其专利产品，或者使用其专利方法以及使用、许诺销售、销售、进口依照该专利方法直接获得的产品，或为生产经营目的制造、许诺销售、销售、进口其外观设计专利产品的权利。

（一）专利侵权的判定原则

1. 等同原则

在确定被控侵权的产品是否侵犯专利权时，应当依据权利要求的文字进行判断。如果被控侵权的产品落入权利要求文字所表达的保护范围之内，则侵权成立。相应地，如果被控侵权方法与专利权利要求相对比，有一个以上技术特征不相同也不等同，则不落入专利权的保护范围。判断是否构成等同侵权的准则，即判断专利发明和被控侵权行为客体的各个技术要素是否以基本上相同的方式，实现基本上相同的功能，产生基本上相同的效果，且是本领域普通技术人员无须经过创造性劳动就能联系到的技术特征，上述准则被称为"功能—方式—效果"准则。

专利侵权判断可以分为两个步骤：第一步就是把被控侵权产品或者方法和专利权利要求进行比较，如果被控侵权产品或者方法具备了权利要求里的每一项技术特征的话，专利侵权就成立了，被控侵权产品或者方法不具备权利要求里的所有技术特征，并不等于专利侵权就不成立。第二步是看被控侵权产品或者方法和权利要求所覆盖的专利发明是不是等同。等同原则是用于扩展权利要求文字内容表达的保护范围的工具。在适用等同原则时，可以参考说明书和附图的内容，但是又不必仅仅限于依据说明书和附图的内容，还可以参考普通技术人员对发明的理解、公知的技术常识、有关专家的证明等。因此，等同原则与"用说明书和附图解释权利要求"是不相同的概念，其作用更为显著。

2. 多余指定原则

撰写专利权利要求是一项技术性和法律性都很强的工作，不熟悉权利要求拟定方式的申请人，难免把对实现专利发明和效果无关紧要的技术特征，也就是非必要技术特征写进权利要求里去。由于增加了非必要的技术限定，专利保护的范围就会缩小。专利局授予专利权以后，其他人经过研究专利说明书和权利要求，发现了权利要求里存在的弊病，容易通过省略这一项非必要的技术特征钻法律的空子。在这种情况下，如果法院由于被控侵权产品或者方法缺少了权利要求的一项技术特征而判定专利侵权不成立的话，显然对专利权人是不公平的。多余指定原则正是应这种公平的需要而产生的。

我国法院在把权利要求分解成技术特征以后，还要根据当事人的解释和说明，审查所有这些技术特征是不是都属于必要技术特征。如果法院在参考说明书里所记载的发明目的、技术方案、技术效果以及申请人在专利审查过程中向专利局所做的陈述以后，认为某一项技术特征属于非必要技术特征，那么法院在判定专利侵权是否成立时，就会把这项技术特征省略掉，这种省略掉权利要求中的非必要技术特征的做法，也称为多余指定原则。

3. 禁止反悔原则

专利的权利要求决定专利的保护范围。由于文字不像数字那么精确，经常出现模糊不清的地方，专利法就创立了一整套解释权利要求的方法。一方面，法院要保护专利权人的合法权益；另一方面，又要保证公众能够通过权利要求了解专利的保护范围。为了同时满足这两方面的需要，法院设立了两个互相制约的原则：①为了保护专利权人的合法权益，把专利保护范围扩大到专利发明的等同物的等同原则；②为了保护公众利益不受侵害，防止专利权人出尔反尔，任意扩大专利保护范围的禁止反悔原则。

禁止反悔原则在我国也是由法院创立的一项原则，我国专利法中还没有明文规定。一般地，在专利申请和专利侵权审判过程中，专利权人对权利要求的解释应该一致。专利权人不能为了获得专利，在专利申请过程中对权利要求做出狭义的解释，而在以后的专利侵权诉讼过程中，为了使权利要求能够覆盖上被控侵权物，又对权利要求做出广义的、较宽的解释。对于在专利申请过程中已经承诺、认可或者放弃的那部分内容，专利权人在以后的专利侵权诉讼过程中不能反悔，这种情况下，法官可以根据具体情况做出判决。

(二) 专利侵权的判定过程

进行专利侵权判定时，只有先根据说明书和专利申请文件解释完权利要求，确定了权利要求的范围以后，法院才把权利要求和被控侵权物做比较，判定侵权是否成立。在解释权利要求的时候，法院只考虑权利要求、专利说明书和其他专利申请文件，被控侵权物是不在其考虑范围内的。我国专利法既要保护专利权人的利益，又要保护第三人的利益，因此对发明或实用新型专利权的保护范围，以其权利要求的内容为准。说明书和附图仅用来解释权利要求。

判断专利侵权是否成立，法院应当将专利权利要求和被控侵权产品或者方法进行比较。但它们一个是文字、一个是实物，不能在整体上直接进行比较。所以在进行侵权比较时，法院要把文字和实物都分解成技术特征，然后在技术特征这一级来进行比较。如果被控侵权产品或者方法缺少一项技术特征，字面侵权就不成立。如果被控侵权产品或者方法除了权利要求中的全部技术特征，还增加了一项或者一项以上的技术特征，专利侵权成立，这种判定专利侵权是否成立的方法就是特征分析法。换言之，当某人的技术实施行为，包含了某专利权人在独立要求中所列举的全部技术特征时，则构成了侵权；若只是利用了独立权利要求或从属权利要求中所列的部分技术特征时，则不构成侵权行为。例如，某专利权的独立要求中所列的技术特征为a+b+c+d；另一技术实施者的技术，其特征分别为：①a+b+c+d；②a+b+c+d+e；③a+b+c；④a+b+d+e，则①②为侵犯专利权行为，③④不为侵权行为。

在进行具体案件分析时，法院应当先将专利权利要求中构成技术方案的全部必要技术特征找出来，或将技术方案分解成各个组成部分，然后把被控侵权的技术方案（或组成部分）的全部特征找出来，列出数量及其名称。在我国，多数法院在审理案件时会要求双方当事人分别做出特征分析表，然后由法庭进行对比分析。对于技术内容较复杂的，法院还会请有关技术专家帮助进行分析，搞清楚两者在名称、数量上是否一致。

此外，在实践当中，绝大多数的专利都属于从属专利。根据技术特征全面覆盖原则，实施从属专利的行为构成对基本专利的专利侵权，这一点在各国的专利司法实践当中都是一样的，如三极管的实施构成对二极管专利的侵权。

（三）专利侵权的法律责任

由于专利权包含有人身权和财产权两部分，因此，对于侵犯他人专利权的行为，就可以根据不同情况分别追究民事责任、行政责任，甚至刑事责任。《中华人民共和国专利法》及有关法律按不同的专利侵权行为规定的专利侵权责任主要包括以下方面。

1. 民事责任

当发生专利侵权时，当事人应该积极进行协商，以便恰当解决双方之间的民事纠纷。《中华人民共和国专利法》鼓励当事人协商解决侵权纠纷，即对未经专利权人许可，实施其专利，即侵犯其专利权，引起纠纷的，首先，允许由当事人协商解决；其次，对不愿意协商或者协商不成的，专利权人或利害关系人可以向人民法院起诉或者请求专利管理机关处理，专利管理机关认定侵权行为成立的，可以责令侵权人立即停止侵权。

对专利侵权行为，专利管理机关和人民法院有权责令侵权人赔偿损失。侵犯专利权的赔偿数额（包括权利人为制止侵权行为所支付的合理开支）依次按照权利人实际损失、侵权人所获利益、许可费倍数、法院判罚的顺序计算。首先，按照权利人因被侵权所受到的实际损失确定；其次，实际损失难以确定的，可以按照侵权人因侵权所获得的利益确定；再次，权利人的损失或者侵权人获得的利益难以确定的，参照该专利许可使用费的倍数合理确定；最后，权利人的损失、侵权人获得的利益和专利许可使用费均难以确定的，人民法院可以根据专利权的类型、侵权行为的性质和情节等因素，确定给予1万元以上100万元以下的赔偿。

2. 刑事责任

假冒他人专利，不仅是一种专利侵权行为，更为严重的是破坏了国家的专利制度。因此，对这种行为除依法要求其承担民事赔偿责任外，情节严重的，还要对企业或者直接责任人员依照《刑法》予以处罚。

3. 行政责任

对假冒专利的，除依法承担民事责任外，由管理专利工作的部门责令改正并予公告，没收违法所得，可以并处违法所得四倍以下的罚款。另外，侵夺发明人或设计人的非职务发明创造专利申请权和专利法规定的其他权益的，由所在单位或上级主管机关给予行政处分。

（四）专利侵权的诉讼时效

为了防止专利权人恶意使用专利权，也为了促使专利权人及时保护自己的专利权，《中华人民共和国专利法》第 68 条明确规定：侵犯专利权的诉讼时效为 2 年，自专利权人或者利害关系人得知或者应当得知侵权行为之日起计算。另外，对于发明专利申请公布后至专利权授予前使用该发明未支付适当使用费的，专利权人要求支付使用费的诉讼时效也为 2 年，自专利权人得知或者应当得知他人使用其发明之日起计算。但是，专利权人于专利权授予之日前既已得知或者应当得知的，自专利权授予之日起计算。

六、专利权的限制

专利权人有实施其专利的独占权，他人实施其专利必须取得专利权人的许可，这是法律赋予专利权人独占权的体现。但是，基于各种原因，法律对这个权利也做了若干限制。授予发明人专利权，实际上是对其他人使用一项技术的限制，有利于发明创造的产生，但绝对的专利独占权，也会给社会合理发展、科技进步带来阻碍。为了尽可能地减少这种阻碍所产生的后果，各国的专利制度都规定了对专利权的相应限制。《中华人民共和国专利法》也不例外，对于专利权人合法拥有的专利权，他人在法律许可的范围内使用该项专利技术，不需要得到专利权人的许可或同意，但应当支付相应的专利使用费，这就是对专利权的限制。

（一）强制许可

第一，具备实施条件的单位或者个人以合理的条件请求发明或者实用新型专利权人许可实施其专利，而未能在合理的时间内获得这种许可时，国务院专利行政部门根据该单位或者个人的申请，对"专利权人自专利权被授予之日起满三年，且自提出专利申请之日起满四年，无正当理由未实施或者未充分实施其专利的；或者专利权人行使专利权的行为被依法认定为垄断行为，为消除或者减少该行为对竞争产生的不利影响的"情况下，可以给予实施该发明专利或者实用新型专利的强制许可。

第二，为了公共健康目的，对取得专利权的药品，国务院专利行政部门可以给予制造并将其出口到符合我国参加的有关国际条约规定的国家或者地区的强制许可。

第三，在国家出现紧急状态或者非常情况时，或为了公共利益的目的时，国务院专利行政部门可以给予实施发明专利或者实用新型专利的强制许可。

第四，一项取得专利权的发明或者实用新型前已经取得专利权的发明或者实用新型具有显著经济意义的重大技术进步，其实施又有赖于前一发明或者实用新型的实施，国务院专利行政部门根据后一专利权人的申请，可以给予实施前一发明或者实用新型的强制许可。在依照前述内容给予实施强制许可的情形下，国务院专利行政部门根据前一专利权人的申请，也可以给予实施后一发明或者实用新型的强制许可。

需要强调的是，依法给予的强制许可的实施（除对抗垄断行使专利权行为或者为了公共健康目的的药品专利外）应当主要为了供应国内市场。另外，申请强制许可的单位或者个人应当提供证据，证明其以合理的条件请求专利权人许可其实施专利，但未能在合理的时间内获得许可；取得实施强制许可的单位或者个人不享有独占的实施权，并且无权允许他人实施；并应当付给专利权人合理的使用费，或者依照我国参加的有关国际条约的规定处理使用费问题。付给使用费时，其数额由双方协商；双方不能达成协议的，由国务院专利行政部门裁决。

（二）非为生产经营目的的利用

非为生产经营目的的利用，主要指在非商业性的科学研究、教学中或个人有限的对专利技术的利用，不视为侵犯专利权，无须得到专利权人的许可。《中华人民共和国专利法》第 69 条第 4 项规定，专为科学研究和实验而使用有关专利的行为，不视为侵犯专利权。之所以规定这一合理使用的范围，目的是促进科学技术的发展，增加公共利益。

科学研究和实验目的的利用，是为了考察取得专利的发明创造有无技术效果或者经济效果，或者为了在该发明创造的基础上进一步做出新的改进，这种利用有助于推动技术进步。科技史上有不少影响巨大的发明，正是在原有技术上进一步研究的成果。教育目的的利用，是为了培养新一代技术人员，是为了公共利益。至于个人或者家庭的利用，无损于专利权人的利益，也就无须经过专利权人的许可。值得注意的是，为商业目的而研究、为培训企业中的技术人员掌握和实施专利中的技术而进行的教学，不在合理使用之列。

（三）专利权用尽后的使用与销售

专利权人或经专利权人同意而投放市场的产品在销售之后，该权利人无权控制对产品的使用方式（如把作为起重车出售的专利产品当载重车使用）、许诺销售、销售和进口，这就是专利权用尽原则。使用是指使用产品本身，如果按该产品复制或仿制新产品进行销售，则权利人有权干涉。专利权用尽原则是对专利权的一项重要限制，其目的是保证商品在一国内自由流通。专利产品或者依照专利方法直接获得的产品，由专利权人或者经其许可的单位、个人售出后，使用、许诺销售、销售、进口该产品的，不视为侵权行为；当批发商从专利权人或者经其许可的单位、个人手里购买了专利产品后，对该专利产品进行使用、许诺销售、销售和进口的行为，不视为专利侵权行为。如果批发商在把这些产品出售给消费者时，都要一一经过专利权人许可或者说专利权人有权禁止这种买卖，那就会阻碍商品流通。

对于专利权人而言，专利产品一经销售，即表明其专利权用完，任何人使用或者销售该产品的行为，不再需要得到专利权人的许可。需要注意的是，这一原则只适用于合法地投入市场的专利产品，即专利产品是由专利权人投入市场和由被许可人投入市场的。但是，以下三种情况也应包括在内：①由先使用权人投入市场的专利产品；②由强制许可受益人投入市场的专利产品；③政府机关按照计划授权实施后投入市场的产品，这是依我国的实际情况做的解释。在上述范围以外的单位和个人投入市场的专利产品，专利权人在这些产品商业化的任何阶段，都可以出面依法进行干预。

（四）外国运输工具运行中的使用

《中华人民共和国专利法》第69条第3项规定：临时通过中国领陆、领水、领空的外国运输工具，依照其所属国同中国签订的协议或者共同参加的国际条约，或者依照互惠原则，为运输工具自身需要而在其装置和设备中使用有关专利的，不视为侵权，无须得到我国专利权人的许可。这实际是对专利权的又一限制，这一项规定须注意以下条件。

第一，它只适用于临时进入我国领陆、领海或者领空的运输工具。临时进入包括定期或者不定期地进入在内。

第二，只适用于与我国订有条约或共同参加的国际条约或有互惠关系国家的运输工具，其他外国运输工具使用我国专利保护的产品，仍须得到我国专利权人的许可。

第三，只适用于外国运输工具在其装置和设备中使用了我国专利法所保护的产品，不适用于在运输工具上制造或者销售这种产品。

第四，只适用于为自身需要而在运输工具的装置和设备中使用有关专利，如果将我国专利保护的产品用于其他用途，仍应得到我国专利权人的许可。

（五）先用权的利用

在"先申请者获得专利权"的制度下，可能会有一些先研究出了新的发明、但因延误了申请而未取得专利的人；还可能有人先研究出了新的发明后虽然一直在使用，但并未打算申请专利。对于这类情况，一般法律都规定：在专利保护期限内，专利权人行使自己的专利权时，不应妨碍这些人的在先使用权，简称为先用权，这也是对专利权的一种限制。目的在于保护先使用人就一项发明创造所作的工业投资，不致受他人专利取得的影响。

《中华人民共和国专利法》第 69 条第 2 项规定：在专利申请日前已经制造相同产品、使用相同方法或者已经做了制造、使用的必要准备，并且仅在原有范围内继续制造、使用的，不视为侵权。我国先用权不仅指在专利申请日前已经制造相同产品、使用相同方法这一范围，而且包括在申请日前已经做了制造、使用的必要准备的情况。"必要准备"一般指的是已经为制造、使用进行了投资，包括购置或安装了制造该产品的机器、准备了原材料等。

适用先用权一般需具备以下条件。

第一，制造或者使用的行为发生在别人取得专利权的专利申请日以前。自申请日起至批准之日这一期间发生的这类行为不享有优先权。

第二，先使用人必须证明其发明创造是自己独立完成的，或者是从专利权人或者他的前权利人以外其他正当途径得来的，他得到这项发明创造与专利权人无关。

第三，先使用人在专利权人的申请日以前至少已做好制造或者使用的准备。

第四，先使用的行为是不公开的，尚未构成现有技术。

第五，先使用人的制造、使用行为仅限于原有范围和规模之内，即制造目的、使用范围、产品数量都不超过原有的范围。

享有先用权的单位或个人不必与专利权人签订许可合同，不必支付任何费用。先用权的享有仅限于继续使用，先用权人无权转让其技术，或向别人发放利用该技术的许可证，否则就构成专利侵权。先使用权人只有将先使用权连同整个企业及原生产规模一起转让，才是合法的。

（六）行政审批所需的使用

由于国家对药品及医疗器械的管理实行较为严格的审批制度，因此，为提供行政审批所需要的信息，制造、使用、进口专利药品或者专利医疗器械的，以及专门为其制造、进口专利药品或者专利医疗器械时，不视为侵犯专利权。

（七）善意第三人有条件地使用与销售

《中华人民共和国专利法》第70条规定：为生产经营目的使用、许诺销售或者销售不知道是未经专利权人许可而制造并售出的专利侵权产品，能证明该产品合法来源的，不承担赔偿责任，这也是对专利权的一种限制。人们使用、许诺销售或销售专利产品时，会因为此前的交易过程不能合理判断这一产品是不是专利权人或者经专利权人允许制造出来的，因此，对于不明真相的使用者、许诺销售和销售者（可视为善意第三人），其行为已经构成了侵权，但在其能证明产品合法来源的条件下，法律不追究赔偿责任。当专利权人或者被许可人通知该产品是未经许可而制造并售出的，善意第三人应当停止使用或者销售并有义务告知其产品的合法来源，否则就应当负侵犯专利权的赔偿责任。

对于明知或者已知该专利产品是未经专利权人允许制造出来而使用、许诺销售和销售该专利产品的，则属于恶意侵权，是要与生产者承担连带责任的。此外，善意第三人免予赔偿的权利也仅限于使用、许诺销售和销售行为，对于未经专利权人许可而仿制专利产品或在生产中使用专利方法的行为，无论行为人是否明知其行为是违法的，都属于侵权行为，要负法律责任。

第三节　知识产权的商标权

一、商标的概述

商标作为企业品牌战略的核心和载体，是企业经营管理体制的重要内容。对商标及商标法基本概念的正确认识和理解，是企业品牌战略的法律基础。商标是商品经济发展到一定阶段的产物，是商品生产者或经营者为了使自己销售的商品在市场上同其他商品生产者或经营者的商品相区别而使用的一种标记，这种标记通常用文字、图形或文字与图形相组合而构成。商标的使用者是商品的生产者、制造者、加工者、拣选者或经销者，而不是消费者；被标志物是商品，而不是物品；标志的目的是出售商品，而不是为了赠予、储备、调配或管理。

（一）商标的特征

第一，商标是商品的标志。在现代社会，为了不同的目的而使用各式各样的标志。商标是使用在商品上的标志，它与商品经济有着紧密的联系，有商品经济才能有商标。商品的所有者靠商标树立信誉、推销商品、占领市场。

第二，商标是商品生产者或经营者专用的标志，是用来区别市场商品的标志。在商品经济不发达的古代社会，手工为商品生产的主要方式，商品种类不多、市场范围不大，人们只需观察商品本身就可以知道商品的生产者。而现代社会就大不同了，人们不可能同那么多、距离那么远的商品生产者、经营者直接产生关系，而往往要通过市场这一媒介，通过商标发生购销关系。现代的商品性能、结构较为复杂，又有包装材料的遮盖，特别是市场的繁荣和售货方式的发展，以及超级市场的出现，给人们现场购货带来了一定难度。人们只能凭借对企业的信赖和对商标的印象购货。因此，商标对于生产者、经营者而言，代表着信誉，不允许他人侵犯和损害，不允许出现混淆和误认，商标具有独占性和排他性。

第三，商标可以通过信誉标示商品的质量，它可以在市场上向消费者提供商品信息，反映特定商品的质量，使消费者认牌购物。企业可以利用商标反复进行商品宣传，使消费者一见商标，就可以放心地购买商品。如果没有商标，广告业也难以发展。在现代商品经济社会中，商品交换对商标的依赖性越来越高，商标促进经济繁荣，开拓市场、维护消费者利益的作用日益明显，因此，商标引起了社会各界人士的普遍关注。

（二）商标的功能

第一，区别功能。区别同类产品的不同生产企业与经营部门，这是商标最本质、最基本的功能和作用。在一个国家，市场上同一类商品往往有很多企业同时生产，生产者和经营者可以通过注册商标的排他性、专用性来显示自己产品的特点和经营特色，维护自己合法的经济利益。消费者也是利用商标，区别同类产品的不同品牌和不同生产厂家，进行比较与选择。

第二，表明特定质量的功能。商标未必标示商品的高质量，但无论质量高还是质量低的商品，其商标确实标示着该商品较一贯的、稳定的质量水平，消费者则希望通过商标寻找质量稳定的商品。商标还被当成商品价值和质量的一种信用担保，是因为商标可以区分不同商品的生产者和经营者，可以督促商品生产者和经营者进行自我商品质量监督，便于广大消费者进行商品质量监督，不断提高产品质量。

第三，竞争功能。信誉好的商标，竞争力强，其结果必然生意兴隆；反之，信誉不好的商标，竞争力弱，其结果可能会导致生意萧条。商标信誉在市场竞争中十分重要，一个有信誉的商标，对于提高产品的竞争能力、打开销路起着十分重要的作用。

第四，宣传功能。商标是商品的标志，体现了商品的质量和信誉，因而商标自然成为商品广告十分有效的手段。商标创牌的一切努力都是为了提高商品的知名度和市场竞争力，引起消费者的注意，将厂商及其商品的形象深深烙在消费者的心中，变为消费者购物的行动，为自己带来经济效益和社会效益。如果商品没有商标就无法称呼，不便于引起消费者的注意并对商品留下深刻印象。商标的使用不仅能使商品生产者和经营者扩大本国市场，而且也能够扩大国外市场，促进对外贸易的发展。保护外国人在我国申请注册的商标权，有利于吸引外资，引进外国的新产品，满足我国广大人民的需求。

（三）商标的分类

随着商品经济的发展，商品的品种越来越多，商标的使用也更加广泛。《中华人民共和国商标法》中商标的种类也在不断进行扩展。商标主要有以下几类。

1. 根据商品结构分类

根据商标结构分类，可以划分为以下几种。

（1）文字商标。文字商标是指只用文字构成的商标。可以用汉字、拼音字、数字、外文字母、少数民族文字等组成，字体可以是草、行、楷、隶，也可以是变形美术字，形式多种多样。除了本商品的通用名称和商标法所禁用的词语（如电视机不能采用"彩电"作为商标，也不能采用"中国""联合国"等作为商标），其他有意义的词、姓名等，皆可作为商标名称。

（2）图形商标。图形商标是指用图形构成的商标，如飞禽走兽、花草鱼虫、天象地理、楼台亭阁、人物、山川河流、物品等，这种商标容易给消费者留下深刻的印象，但不便于呼叫，不符合顾客指牌要货的习惯。

（3）组合商标。组合商标是由文字、图形或记号结合而组成的商标，这种商标图文并茂、形象生动，便于识别，便于呼叫，兼有文字商标、图形商标的优点，所以广为应用。

2. 根据商标用途分类

根据商标用途分类，可以把商标划分为以下几类。

（1）营业商标。营业商标也叫作厂标，它是指用生产或经营企业名称、标记作为商标的。

（2）商品商标。商品商标也叫作个别商标，它是以商品特定规格、品种来区分使用商标的，是为了将一定规格、品种的商品与其他规格、品种的商品区别开来，专门在商品上使用的商标。同一厂家生产不同规格和品种的商品，可以允许有不同的商标。

（3）等级商标。等级商标是指同一企业为了标明质量及品种的区别而使用的标记，便于顾客鉴别和选购。

（4）保证商标。保证商标也叫作证明商标，这种商标是用来证明商品或服务的来源、制造方法、质量、原料、精密度或其他特点而使用的标志。

（5）服务商标。服务商标是指金融、运输、广播、建筑、旅馆等服务行业为把自己的服务业务同别的服务相区别而使用的商标，也称作服务标记。

（6）证明商标。证明商标是指由对某种商品或者服务具有监督能力的组织所控制，而由该组织以外的单位或者个人使用于其商品或者服务，用以证明该商品或者服务的原产地、原料、制造方法、质量或者其他特定品质的标志。

此外，作为证明商标或者集体商标申请注册的地理标志，是指标示某商品来源于某地区，该商品的特定质量、信誉或者其他特征，主要由该地区的自然因素或者人文因素所决定的标志。

3. 根据商标使用者分类

根据商标使用者不同，可以将商标分为以下几种。

（1）制造商标。制造商标又称生产商标，这种商标使用人为商品的生产、制造、加工者。

（2）销售商标。销售商标是指销售者为了销售商品而使用的商标，称商业商标，它不是宣传厂家的标记，而是宣传商业经营者的标记。

（3）集体商标。集体商标是指由合作社、协会或其他集体组织的成员所使用的商标或服务标志，以及用以表示联合组织、协会或其他组织成员身份的标志。

4. 根据商标性质分类

特殊性质的商标，主要包括以下几种。

（1）联合商标。联合商标是指同一个商标所有人，在相同商品上注册的多个近似的商标或在同类的不同商品上注册的多个相同或近似的商标，这些相互近似的商标称为联合商标。联合商标中以一个商标为主，称为主商标。注册联合商标是为了保护主商标，而不是为了使用。联合商标是一个整体，不能分割，只能一道转让或许可。《中华人民共和国商标法》第 42 条第 2 款就规定："转让注册商标的，商标注册人对其在同一种商品上注册的近似的商标，或者在类似商品上注册的相同或者近似的商标，应当一并转让。"

一般而言，那些要求商标必须在商业活动中使用之后方能注册的国家，或要求商标在注册后必须不间断使用方能维持注册有效的国家，一般都规定，只要使用了联合商标中的某一个商标，就可以看作整个联合商标都符合"使用"或"不间接使用"的要求。

（2）防卫商标。防卫商标是商标所有人为了防止他人侵犯而在非类似商品上注册自己的商标。从理论上而言，这种商标，一般为驰名商标，一经注册，不会因不使用而被撤销。由于《保护工业产权巴黎公约》作出了保护驰名商标的特殊规定，所以凡参加了该公约的国家，即使其国内法并不特别地保护防卫商标，也必须给其他成员的驰名商标以适当保护。

（3）备用商标。备用商标是指企业内部储备待用的商标。企业申请注册后并不使用，只作企业商标情况变化时的应急商标，所以也叫作"贮藏商标"。此外，有关"立体商标""厂内商标""颜色商标""纺织商标"和"音响商标"等，都已从立法和实践中逐步确认并获得注册。

二、商标权的主要内容

（一）商标权的分类

商标权是商标法确认和保护的商标所有人对其注册商标所享有的权利。商标权的实质是由于商标所有人对其商标的占有与支配，而与非所有人之间发生的法律关系，这些法律关系通过商标法体现出来，受国家强制力保障。商标法是以保护商标权为中心而建立起来的一整套法律制度。商标权是一个集合概念，它包括商标所有权和与此相联系的商标专用权、商标续展权、商标转让权、商标许可权、法律诉讼权等，其中商标专用权即注册商标的专有使用权，是商标权最主要的法律特征，也是商标权的一项很重要的内容。

商标权的内容广义上是指权利主体依法享有的权利和义务主体依法承担的义务，是由法律规定的；狭义上是指商标权的权利主体对自己的注册商标享有占有、使用、收益、处分的权利。商标权的分类主要包括以下几种。

第一，占有权。商标所有人对注册商标在事实上和法律上的持有和控制。法律上的控制指商标虽在他人之手，但因商标而产生的权利仍属于商标所有人。有时会出现非商标所有人的占有，这实际是占有权与商标权的分离，这种非所有人的占有并不产生商标权的转移。从法律上而言，占有权仍属于商标权人，如商标权人委托商标印制单位印制其注册商标、标识，在印制后滞留于印制单位期间，虽然印制单位事实上持有该注册商标，但在法律上商标权人仍享有其占有权，印制单位不得擅自销售他人注册商标标识，否则就构成了侵权行为。

第二，使用权。商标所有人按照商标的性能及作用对其使用的权利。使用权一般由所有人行使，但在有些情况下，使用权也可以由非所有人行使，如商标使用许可。根据使用许可合同被许可人所得到的，只是注册商标的使用权，而不是所有权。

第三，收益权。商标所有人凭借对其注册商标的占有和使用，获取由此而带来的利益。例如，商标权人可以通过保证商品质量创出商品信誉，依靠商标信誉扩大商品销路，从中获取相应的报酬。

第四，处分权。商标所有人对自己享有专用权的商标，决定其在法律上的命运和权利，它直接触及了商标权是否发生变更或消灭的问题。如商标所有人按法定手续将之转让给他人；或因某种原因，主动申请注销原注册商标，从而自动放弃商标权。

以上四种权能是与所有人相结合的一个整体，但在商品经济中它们部分或全部可以与商标所有人相分离。

（二）商标权的表现方式

商标权的表现方式主要有以下几种。

第一，商标专用权是商标权中最重要的权利。一般地常把商标权的几项权利概括地称为商标专用权。商标专用权就是商标注册人对其注册商标的独占使用权，也是商标所有人通过注册，在有效的地域内获得了商标权。一方面，商标注册人自己有完全的使用权；另一方面，商标注册人具有"禁止其他任何人不经其许可使用其注册商标"的禁止权。法律规定禁止权的效力范围往往比商标注册人的使用权的效力范围要宽些。商标专用权受法律保护，凡属侵犯商标专用权的行为，行为人要承担法律责任。

第二，商标使用许可权，即商标所有人通过签订使用许可合同，许可他人使用其注册商标。行使使用许可权是商标使用权的一种转移形式。根据使用许可合同，被许可人所得的仅仅是注册商标的使用权，该注册商标的所有权仍属于许可人即商标注册人。

第三，商标转让权，即商标注册人将其注册商标转让给他人所有，由他人专用。转让注册商标是商标权转移的一种形式，换言之，是商标所有人将通过注册获取的商标所有权转让给他人。经过转让，转让人丧失了商标权，受让人获得了商标权，成为注册商标的所有人。商标转让权是依照法律规定并采取一定的形式来实现的。

商标权的内容除上述所说的各种权利外，还有商标依法变更、商标续展以及在商标所有人的权利受到侵犯时，依法提起诉讼等权利。

（三）商标权的限制条件

由于各国商标法所采用的原则和实行的制度并不完全相同，对商标权限制的种类也不尽一致。但大部分国家商标法所规定的商标权的限制条件主要包括以下几种。

1. 合理使用

合理使用是指在某些情况下，他人善意使用与注册商标相同或类似的标记，若不引起混淆或误认，就不构成对商标权的侵犯，商标权人不能以商标专用权排除他人的这种使用。合理使用是商标权限制的核心内容，尽管各国关于商标权限制的立法并不相同，但只要有商标权限制立法的国家均有关于合理使用的规定，且各国确定合理使用的原则、种类也大同小异。

2. 先用权

商标权的先用权限制，是指在他人获得商标注册之前就已经开始使用的商标所有人，在他人获得商标注册后享有继续使用该商标的权利，商标权人不得禁止该先用权人的使用。

3. 权利用尽

权利用尽是指注册商标所有人或许可使用人将该商标加以利用，使用于商品并将商品销售或已经在服务上使用，则注册商标所有人无权再禁止或阻碍他人使用原商品上附有的注册商标，它主要体现在销售活动中，权利人只可正常行使一次权利。一般而言，各国都承认商标权的"国内权利用尽"，即在一国范围内带有商标的产品一旦投放市场以后，对于任何人使用或销售该产品的行为，商标权人都无权控制。

我国在商标法的实践中，对商标国内用尽的基本原则实质上采取了默认的态度。比如商标权人自己许可出售了一批商品，国内的批发或零售等转销就不再受商标权人的控制，但这只是基于商标权行使以及商品经营的公序良俗原则，在商标立法上并没有相应的保障，同时也没有关于权利用尽原则例外的规定，这就可能造成商标权的滥用或者权利的损害，因而我国有必要在立法上明确商标权利用尽的规则。

与商标权利用尽原则密切相关的是商品平行进口的合法性问题，即商品平行进口是否构成对商标专用权的侵害。商品平行进口是指未经外国代理商许可，第三人自行进口正宗商标商品。各国对待平行进口的态度并不一致，但大多数国家原则上禁止平行进口，在某些特定情况下承认平行进口的合法性。

（四）商标权的取得

商标权的取得是指特定的人（包括法人和自然人），对其所使用的商标依法申请注册（包括转让注册），经核准后即取得了商标权，从而产生法律关系。商标权法律关系的产生是有一定条件的，根据产生的条件和途径的不同，商标权的取得就会出现不同的方式。商标权的取得一般有以下方式。

1. 直接取得

直接取得也称为原始取得，即以法律规定为依据，具备了法定的条件或经商标主管机关的核准而直接取得商标权。商标所有人对其使用的商标，其商标权的取得是最初的，是按法定程序由法律直接授予的。在国际上商标权直接取得的原则，随着各国商标法确定商标权原则的不同而不同，主要包括以下几种。

（1）使用原则。即按使用商标的先后来确定商标权的归属问题，谁先使用该商标，商标权就属于谁。按照这一原则，某一商标率先使用于商品或广告，公之于众，先使用人就取得了商标权，受法律保护，并可以使用在先为理由对抗使用在后的人，有权请求撤销后使用人注册的商标。采用使用原则确定商标权归属问题，使注册商标长期处于不稳定状态，这不仅不利于商标管理工作，而且一旦发生注册商标争议，又不易查清先使用商标的人是谁，所以世界上只有少数国家的商标法采取使用原则。

（2）注册原则。这是指按照申请注册的先后来确定商标权的归属问题，即谁最先申请注册，商标权就授予谁。按注册原则，只有经核准注册，注册人才能取得商标权。商标注册是一种法律事实，一旦商标所有人通过注册取得了商标权，就受国家法律保护。凡未经注册的商标不受法律保护。采用注册原则的国家，商标的注册是取得商标权的必需法律程序。采用注册原则，当两个或两个以上的人将他们在同一种商品或者类似商品上使用相同或相似的商标申请注册时，谁先申请注册，商标权就授予谁。与此同时，也促使商标所有人及时申请注册，有利于商标管理工作。因此，世界上大多数国家都采用注册原则。

采用注册原则的国家一般都对申请注册的条件和手续、审查和核准的程序以及异议裁定等做出严格的规定，使商标权的取得和行使都能有法律依据和保障。

（3）混合原则。这是使用原则和注册原则的折中适用。按照这一原则，只要先使用了某一商标虽没有注册，但可以在规定的期间内以使用在先为由，对抗他人相同或近似的注册商标。

2. 传来取得

传来取得又称继受取得，即商标权的取得不是最初产生的，而是以原商标所有人的商标权及意思表示为依据，通过一定的法律事实实现商标权的转移。传来取得有两种方式：①根据转让合同由受让人向出让人有偿或无偿地取得商标权；②根据继承法的有关规定，由继承人依法继承已死亡的被继承人的商标权。传来取得无论用哪种方式，都要以一定的法律事实出现为前提。订立转让合同、被继承人死亡这些都是法律事实，当这些法律事实出现时商标受让人和商标继承人才能取得商标权。

我国商标权的取得原则主要包括：①自愿申请注册与强制注册相结合；②注册原则；③特殊情况下的兼顾使用原则。采用注册原则确定商标权的归属问题，并不排除使用原则在一定条件下所具有的意义。《中华人民共和国商标法》第31条规定："两个或者两个以上的商标注册申请人，在同一种商品或者类似商品上，以相同或者近似的商标申请注册的，初步审定并公告申请在先的商标；同一天申请的，初步审定并公告使用在先的商标，驳回其他人的申请，不予公告。"后一种情况体现了使用原则的作用。

我国商标注册采取申请在先原则。不同申请人以相同或近似标识在相同或类似商品上申请注册，初步审定并公告申请在先的标识。注册申请日期，均以商标局收到齐备的申请案的日期为准。同时，由于我国是《保护工业产权巴黎公约》的成员，商标局承认依《保护工业产权巴黎公约》享有的"优先权"期。只有在相同的注册申请同一天提交或享有同一个申请日（或"优先权日"）的情况下，才考虑"使用在先"。如果申请日与使用日均相同，或者各个申请人之前都没有使用过的情况下，则由当事人自己去协商；超过30天达不成协议的，则在商标局主持下，由不同的申请人抽签决定，或者由商标局裁定。

（五）商标的注册与变动

1. 商标注册申请

商标注册申请是指《中华人民共和国商标法》及其实施细则所规定的，由商标局根据自愿登记的原则，向商标局递交申请和有关材料，并交纳相应的费用。商标注册申请是获得商标注册和商标权的必要和先决条件。注册商标申请者须按有关规定交纳相关费用。

（1）申请人和商标代理的注册。《中华人民共和国商标法》第4条规定：在生产和经营过程中，对其产品或者服务而需要取得商标专用权的，应当向商标局申请商标注册。所以，商标的登记申请者可以是所有的公民。国内企业、事业单位和个人经营的企业，可以直接向商标局或经工商部门批准的商标代理机构申请注册。

商品目录是对商品和服务进行分类和商标登记的重要参考。由于商品种类繁多，因此，为方便商标注册，需要建立商品类别，以便决定商标申请的批准与否。申请人在申请注册时，应当将商标注册申请表递交给商标局，并提供相应的证件，并支付相应的费用。

（2）商标注册申请的规定，主要包括以下几个方面。

第一，每项申请的商标注册须向商标局提出一份申请。一项申请不能同时申请两个或多个品牌。

第二，所填货物名称必须为通用名称，并按照《商品和服务分类表》所列货物或服务的名称进行填写。如果《商品和服务分类表》中没有列出货物或服务，则应提供有关货物或服务的描述。

第三，一项申请可以包含多种类型。

第四，商标注册申请者的名称必须与所提供的文件相符。企业申请注册商标时，申请人的名字必须与企业的营业执照和公章相符；自然人申请注册商标时，其名称须与其相关文件如身份证上所记载的名称相符。

第五，有关的材料，如商标的登记，必须打印或复印。

第六，商标是外国文字或含有外国文字的，应注明其意思。

第七，对同一商标的联合申请，由申请人在申请时指定一名代表。

（3）商标注册申请的图案，主要包括：①提供5个商标图案，每一个图案的长度和宽度均不大于10cm，不小于5cm，如果有特殊保护色彩，须提交5个着色图案，并附有一张黑白相片；②使用三维图形进行商标注册的，须在申请表上进行申报，并提供能确定立体图形的图形。

（4）商标注册申请的证件。随申请单附上的证明材料包括以下几部分内容。

第一，凡经国家规定必须使用已注册商标的商品，以及某些特定产业的商标注册所需要的证明材料。申请人使用的药品、营养品、营养饮料、婴幼儿食品等商标注册时，须提供由省卫生厅颁发的药品生产许可证或药品经营许可证。

第二，烟草产品注册商标的申请，应当提供由国家烟草部门出具的许可证书。

第三，向申请人提供证件。申请人必须提供一份能证明其身份的文件。企业须提供营业执照副本或经主管部门盖章的营业执照副本。

第四，国内报纸杂志申请商标注册时，须提供国家发行的国家统一发行编号（CN）报名证。

第五，集体商标、证明商标的申请，应当提交申请人的主体资格证明、证明商标的使用管理规定。

第六，以人像为商标申请登记时，须提交本人的授权委托书，并由公证处进行公证。

第七，首次在国外申请的申请人，应在申请注册时，以书面形式提出申请，并于三个月内将首次申请的申请文件副本递交至商标局。未提供书面说明或过期不提供商标注册申请文件的复印件，将被认为没有优先权。

第八，如申请商标在中国政府举办或认可的国际展览会上初次使用的申请人，应在申请注册时，提交一份书面声明，以表明其产品的展览会名称、在展出商品上的使用情况、展示日期等证明材料，如没有书面说明或逾期不提供，则视为不请求优先权。在中国以外的国家举办的展览会，必须提供由国家有关部门指定的机构出具的证明。

2. 商标注册的审查与批准

商标审查是指在商标注册中，根据商标法的要求，由商标主管部门进行的一系列行为。对申请注册的商标初步审定、公告、驳回、不予公告、是否批准或不予登记等，均由商标主管部门审核后决定。商标的审查是决定商标专用权的一个重要因素。

对商标的审查和审查方式主要包括：①实施审查原则，即同时进行形式审查和实质审查，大部分国家都采取了这一措施；②不用接受审查的原则，即仅进行形式的检查而不进行实质性的检查。在商标注册方面，我国实行的是审查制度。

（1）形式审查。形式审查是对申请商标的书件、手续是否符合法律法规的一种检查，检查其内容是否真实、准确、清晰、手续齐全。商标注册申请是否通过由形式审查来确定。形式审查由下列要素组成。

第一，对应聘者的资质进行审核。重点考察申请人是否具备申请注册商标的主体资格，以及申请该商标所保护的产品是否符合相关法规。

第二，根据我国法律，外国申请人是否已委托了一家商标代理公司。国内申请人委托代理的，其授权书是否与规定相符。

第三，申请表的内容是否正确。包含申请人名称与印章、营业执照是否相符；申请人的住址是否正确；申请人在申请商标所列货物或服务时，填写是否规范、具体、分类是否正确。

第四，商标和商标图案的规格和数量是否符合规定；提交的证件等资料是否齐全，费用是否已缴清；审查一项申请中的商标是否仅有一项。

第五，对商标的申请日期进行审查，并编制申请编号。申请商标的登记日应以商标局受理申请的时间为准。经审核后，符合要求，并按要求完成报名表，并签发受理通知书。如申请材料不齐全，申请材料不完整，应将其退还；申请材料基本齐全，申请材料基本满足要求，但需补充的，应通知申请人进行补充；如申请人于指定时间内完成并提交给商标管理局，则将保留该申请日期。如有需要，但没有及时补充，或者在规定时间内，也将被退还，申请日期将不会被保留。

（2）实质审查。实质审查是对商标的注册资格进行审查。对已注册商标的初步审批和公布，要看其是否经过实质审查。实质审查的内容主要包括：①商标是否违反了商标法的禁止条款；②商标是否有法律上的组成成分，是否有明显的特点；③商标与他人在同一或相似的商品上注册的商标是否相同或相近，是否与已撤销、失效不满一年的商标相同或相近。上述第一条禁止条款，又称为禁止商标注册的绝对正当性的复审，即对商标的正确性进行审查；对第二个条款是否有明显的特点进行审查，以及对第三个条款是否与其他当事人的权利相抵触，又称驳回商标登记的相关原因的复审。

经实质审查，商标局认定，申请注册的商标与《中华人民共和国商标法》及实施细则中的条款不符，或者与其他已登记或已申请的商标混淆，应予以撤销，发出驳回通知书，简单说明拒绝理由，同时将申请书连同相关文件一起返还申请人或其代理人。

商标局发现商标注册申请中有不符合的地方，但可以修改的，应当发出一份商标复审意见书，对其进行限制。如果申请人在规定的期限内没有进行修订或者变更后仍然不能满足《中华人民共和国商标法》的要求，则不予受理，并发出受理通知书。凡经实质审查，认定所申请商标符合商标法相关规定，具有显著意义的，应予以初步确认，并公布。

（3）注册商标的初审和申报。初审是指对已注册的商标进行形式审查、实质审查，认定其是否符合《中华人民共和国商标法》的相关条款，并最终确定是否可以进行登记。初步批准的商标尚未获得正式批准，尚未获得商标专用权。根据商标法，《商标公告》应当刊登初步审批的商标，此公告即为"初步审批公告"。

《商标公告》是一种专门发布关于商标注册、商标专用权等行政通告的正式出版物，是商标局编辑出版的，其公告内容包括：初步审定公告、注册商标公告、续展商标公告、转让商标公告、变更商标公告、注销商标公告、撤销商标公告、商标使用许可合同备案公告及其他商标公告。在《商标公告》中张贴依照商标法应当公布的公告，其主要目的是使所公布的内容具有法律效果，并将其公开，让公众对其进行监督，以确保商标注册工作的质量，并方便其与其他已经登记或经初步审批的商标相抵触。

初步审批公告的内容包括审批编号、申请日期、商标名称、指定使用商品、申请人名称和住址。公布初审公告的目标主要包括：①公开征询公众意见，以便公众能根据商标法监督商标局初步审批结果，从而使商标局能正确地批准注册商标；②为商标注册人、前申请者以及其他合法的在先权利人提供保护自身权益、防止商标局批准注册与自身商标有矛盾或侵害自身权益的商标，从而避免和减少商标注册后的纠纷。

商标申请不予受理的，由商标局发出书面通知。商标注册申请人有异议的，可以在15天之内向商标审查委员会提出复审申请。商标审查委员会在接到申请后的9个月内，应以书面形式通知申请人；因特殊原因需延期的，经国家有关部门核准，可以延期3个月。如果有异议，可以在接到通知后30天内向人民法院提起诉讼。

（4）对商标的异议。商标异议是指对经初步审定的商标提出异议，并要求撤销初步审定商标，不予注册。在商标法中，经初步批准的商标，可以在3个月之内由他人提起诉讼，这3个月是一个反对的时间。异议不是所有商标注册的必要程序，而是一种特殊的处理方式，可以在商标注册过程中产生争议或冲突时采取补救措施。并不是所有的商标注册都要通过异议，也就是不是所有的商标注册申请都会在最初的审批公告后被驳回。

对于最初批准的商标，持异议者为异议人士。在大多数情况下，异议人都是利益相关者。如果商标注册人或在先申请者，认为商标局初步核准的商标与其已注册或已初步核准的同一类别或相似的商标有相似之处，则为保护其权益而提出异议；利益相关人也可以是其他的权利主体，例如，使用该商标设计的著作权人，使用该人的名字或肖像时的肖像人和享有该权利的人，以该商标的注册申请者未经其许可而使用其作品、肖像或者名字等理由，向商标局提出异议，请求商标局撤销其初步审批的商标。任何不相关的人，都可以对公告的商标进行初步审查，对其是否违反商标法禁止条款质疑，亦可对该公告商标与他人已注册或申请的商标混淆，或侵犯他人的在先权利质疑。在现实生活中，许多人因违背诚实守信原则，将他人申请注册并已经投入使用且具有独创性的商标，或将其在其他同类产品上注册并已有一定知名度的商标进行注册，其持有者也可为保护自己的权益而提起诉讼。主要包含以下几种方式。

第一，商标局对提出异议的请求进行调查，并做出批准登记的决定。对已核准的商标有异议的，商标局应当听取异议人和被异议人的意见和理由，并在经过调查、核实后，在12个月内做出决定，并以书面形式通知异议人和被异议人。因特殊原因需延期的，经国家有关部门核准，可以延期6个月。

第二，商标局同意将被异议商标注册，异议人有权申请撤销该商标。商标局批准注册的，应当颁发商标注册证，并予以公布。异议人对此有异议，可以根据《中华人民共和国商标法》第44条、第45条的规定，申请撤销。

第三，被申请人（商标注册申请人）可以申请商标评审委员会的审查。如果被异议人不同意，可以在15天之内向商标评审委员会提出异议。对异议人和被异议人提出异议的人，应当在12个月之内做出重新审查的决定；因特殊原因需延期的，经国家有关部门核准，可以延期6个月。如果有异议，可以在接到异议后30天内向人民法院提起诉讼。对此，人民法院应将异议人通知为第三人。

（5）暂停审查。商标评审委员会在对被异议人的申请进行复查时，其有关的优先权应当根据人民法院审理的或正在办理的其他案件的结果来决定。终止理由解除后，重新进行复审。商标法设立异议程序，目的在于提高商标审查、批准登记工作的质量，并通过公众的监督、异议者的直接参与，使其能够及时地发现和改正问题。当然，在异议期的设定下，许多原本符合商标注册条件的申请，由于许多不能通过的异议申请而无法获得批准，因此，申请人获得批准登记的时间就会大大推迟。

（6）批准登记。经初步审定的商标，自公告之日起3个月内未提出异议，或经商标局认定后，予以登记，并予以公布。商标的批准是商标注册申请者对商标专用权的实现。商标一旦被登记，就是一种受国家法律保护的注册商标。

注册是指商标局将已批准的商标及已批准使用的商品登记在商标登记簿中，登记的事项包括：注册编号、注册商标、批准商品、商品类别、有效期、注册人姓名等。商标局向社会公布已经批准注册的商标，并向社会公布其注册情况，使其受到法律的保护。同时，商标局还为商标注册人发放商标注册证。

商标注册申请者自初始审批公告至3个月届满后，其取得商标专用权的期限为准。对未经审查的异议不予受理而予以登记的，其商标专用权期限从初步审批公告3个月届满之日开始。对在同一或相似商品上使用与该商标相似或相近的商标的行为，从该商标宣告到期之日起到批准登记决定生效之前，不得追溯；但对商标注册人恶意损害的，应当予以补偿。

3. 商标注册的期限、延续与变更

（1）商标的有效期。注册商标的有效期是指该商标的法定时效，也就是该商标的有效期限。在我国，只有注册商标方能取得商标权并受到法律的保护，因此，注册商标的有效期也就是商标权的有效期。

（2）延续已注册商标。商标的续展是指通过法定途径，使注册商标的有效期得以延续。《中华人民共和国商标法》一方面将注册商标的有效期延长至10年，另一方面规定该商标的有效期届满后，如果该商标仍需继续使用，可以向商标局提出续展注册申请，并在商标局批准后继续拥有该商标。延续登记的期限是10年，并且可以无限延长，因此，商标的所有权是一项相对永久的权利。

商标注册人须于其商标有效期届满后12个月内向其申请续展登记。在有效期内没有提交续展登记的，可以在有效期届满后6个月内再次提交，这6个月被称作"宽展期"。在宽展期届满后，若不向商标局提出续展申请，则商标局将取消其注册商标的使用期限。商标法所规定的宽展期是为了使商标注册人有充足的时间进行续展登记。申请商标续展登记时，须向商标局提出申请。商标局在接到续展登记申请后，经审核，认定符合条件的，给予批准；对被认定与《中华人民共和国商标法》相关条款不符的，应当不予批准，并予以拒绝。

（3）变更注册商标。注册商标变更是指在商标的名称、地址和其他登记事项不超过商标权的范围的变更。变更商标的文字、图案，应当按照《中华人民共和国商标法》的有关规定，重新申请登记。由于变更商标的文字、图案已经超出了原来许可的商标权的范畴，是一种新的商标，如果要获得商标权，必须再次进行登记。扩大注册商标许可使用范围，也是超越原有许可使用的，应当以新商标的形式进行登记。商标权变更时，应当向其提交商标注册申请。

第一，变更注册人名称。商标注册人的姓名变更，是指其名称发生变化。该变化只局限于注册人名称的变更，而不会影响该权利的所有人。商标注册人的姓名是商标注册中的一个重要问题，如果商标的名称发生了变化，而其所有权未发生变化，则该商标持有人应当立即提交变更申请。由于在注册时，仅认可注册的注册人拥有商标权，因此，注册的注册人没有及时进行注册，将面临失去商标权的危险。如果商标权的权利主体发生变化，例如，拥有商标权的公司被关闭、停止、合并、转让，其商标权也随之而动，债务转至其他公司，则不能再按登记人的名称进行变更，而要进行登记。

第二，变更注册人的地址。商标注册人的地址是商标登记工作中的一个重要环节，也是商标行政主管部门在进行商标管理时必须了解的问题。如果注册地址发生变化，而不能及时进行注册，那么商标管理机构与注册机构之间的联系就会被切断，相关的书件也不能及时送达，从而影响到商标管理机构对商标的有效管理。因此，如果注册地址发生变化，应当立即进行注册。

第三，变更登记事宜。其他登记事项的变更，是指除登记人的名称和地址以外，可以通过变更申请而更改的登记事项。依照《中华人民共和国商标法》的有关规定，对注册商标的文字、图案、扩大其适用范围的，应当再次提交注册申请；如果商标权的所有权变更，应当提交申请。因此，除了商标注册人的名称和地址，可以更改的登记事项仅限于核准的注册商标的范围。

4. 商标的使用许可

商标的使用许可是指商标注册人在与他人订立使用许可协议时，对其进行许可。在商标权中，对注册商标的许可是一种非常重要的权利。在使用许可协议中，被许可人可以获得注册商标的使用权，许可人可以获得使用许可费用。注册商标的使用，是最显而易见的一项，尽管它并不能使注册商标持有人获得其利益的全部或大部分。被许可人使用注册商标，其取得的只是商标的使用权，而非其所有权，其所有权仍然归许可人所有。

（1）商标使用许可的形式，主要包括以下几种。

第一，独占使用许可是指商标注册人在约定的期间、地域内，以约定的方法，只允许被授权人使用该商标，而其他人，包括商标注册人，都不能使用。独占许可的专有性质，既不能排除许可人也不能排除许可人在协议期间以约定的方式在特定时间内使用，因此，在协议规定的范围内，被许可人可以独立地行使禁止权，也就是对侵权行为进行单独的抗辩。不过，应当注意到，被许可人的专有使用许可只限于合同所规定的区域，在此区域以外的许可人可以充分地授权其他人使用他们的注册商标。在我国，独占许可的使用方式尚不多见。

第二，排他使用许可是指在一段时间内，由商标注册人按照协议，在特定时间内，只允许一名被许可人使用该注册商标，而不允许其他任何人使用。排他许可与独占使用许可同样具有排他权，但该排他权只限于排除第三者，而不排除在规定的时间内、在特定的时间内，以约定的方式使用该权利。因此，在该协议规定的范围内，享有排他使用许可权的被许可人，可以与商标注册人共同行使禁止权，即共同对抗侵权行为。与独占使用许可相比，我国更多地采用排他许可。

第三，一般使用许可是指在规定的时间内，由商标注册人以协议的方式，在特定的时间内，对其注册的商标进行许可，并且可以使用和其他许可。也就是商标注册人可以在同一区域内，对不同的人进行注册。拥有一般使用权的被许可人，不但不得拒绝使用或拒绝他人的使用许可权，并且对未得到许可的使用登记机构的使用如果没有经过商标注册人的明确授权，也不具有禁止权，被许可人不能单独与第三人进行对抗。在侵权案件中，被许可人可以帮助许可人查明事实，并由许可人进行诉讼。根据被许可人对许可人使用费的使用，可以将其分成有偿使用和免费使用两种。一般情况下，使用许可都是收费的，而费用则由双方自行商定。

（2）商标许可协议。商标注册人对其注册商标的许可，应当与被许可人签订协议。被许可人应当具有使用注册商标的主体资格。在使用许可合同中，应当清楚地规定被许可使用的商标和商品的使用范围、使用的区域、使用的时间、许可人对商品质量的监督、许可人对商品质量的保障、许可使用的费用、使用费用的支付方法、违约责任的确定。

对被许可人使用的，应当在三个月之内向商标局报告，未经登记的，除非双方有协议，否则不会对其产生任何影响。但未经商标局注册的商标使用许可合同，不得与善意第三人进行抗辩。

（3）许可人与被许可人之责任。被许可人使用其他注册商标时，须在其产品上注明其姓名及原产地。被许可人应确保其产品与许可人的产品品质相符，并接受许可人的监督。许可人有责任对被许可人的产品进行质量监控，这样既能保证许可人的品牌声誉，又能保护消费者的合法利益。任何未在合同中明确约定的，被许可人不得将使用权转让予第三人。被许可人也应当按照合同约定的方法和金额支付给许可人相关费用。

许可人对其注册商标的许可，应当确保被许可人在合同的有效期内有效地使用该商标。被许可人在合同约定的期间内，未经许可人的许可，不得将其转让予第三人；在合同期间，也不能撤销注册商标。

5. 注册商标的终结

注册商标的终结，又称为商标权的消灭，是由于法律规定，使注册商标消失，它不但与商标拥有者分离，也已不复存在。

（1）商标的无效。根据在 2013 年修订后的《中华人民共和国商标法》，因侵犯了商标法对注册商标的批准，可以通过相应的法律程序予以撤销。被宣布无效的商标，其注册商标的专用权应当被认为是不存在的。

（2）撤销商标。撤销注册商标，是由于商标权主体的消失，或者由于商标权主体的主动放弃，或者由于其他原因，商标局采取的终止其商标权的行为。撤销注册商标的情形包括：①登记人死亡，没有继受人或者没有人为其办理转让登记手续，则其权利消灭；②注册商标的有效期届满，但已经超过了延长期，而商标注册人没有提出续展申请，或者延期申请没有得到批准，则该商标将被终止；③商标注册人对商标权的自动放弃；申请商标注册的注册人对商标局做出的撤销、驳回的裁定，应当在 15 日之内向商标评审委员会提出重新审查。商标评审委员会在接到申请后 9 个月内做出裁定，并以书面形式通知有关各方。因特殊原因需延期的，经国家有关部门核准，可以延期 3 个月。如果有异议，可以在接到通知后 30 日内，向人民法院提起诉讼。如果在法定时限内，对商标局撤销注册商标的裁定不予复查，或者对该裁定不予受理。被撤销的商标，应当在商标局公布后立即停止使用。商标被撤销、宣告无效或者到期不继续使用的，应当在 1 年之内，对商标的商标注册申请予以撤销。

三、注册商标的保护

（一）注册商标的保护范围

注册商标的专用权，以核准注册的商标和核定使用的商品为限，这是对注册商标专用权保护范围的规定。注册商标的专用权，是指商标注册人在核定使用的商品上专有使用核准注册的商标的权利，它是一种法定的权利。《中华人民共和国商标法》第 3 条规定："商标注册人享有商标专用权，受法律保护。"它包括以下两层含义：①使用权只在特定的范围即核定使用的商品与核准注册的商标内有效；②在该特定范围内商标注册人对其注册商标的使用是一种专有使用。换言之，对注册商标的保护，仅限制在核准注册的商标和核定使用的商品范围之内，不得任意改变或者扩大保护范围。

核准注册的商标是指登载在商标注册簿上的商标，即商标局注册在案的商标，组成商标的包括文字、图形、字母、数字、三维标志、颜色组合和声音等，以及上述要素的组合；核定使用的商品是指注册时核准使用的指定商品类别中的具体商品。核准注册的商标和核定使用的商品，是确定注册商标专用权保护范围的两个具体维度标准，它们是相互依存、不可分割的统一整体，两个因素必须结合起来使用，不存在没有确定商品的商标专用权。只有在两者同时具备的情况下，商标注册人才享有商标专用权并受法律保护，任何人不得侵犯。

设定注册商标的保护范围，既有利于充分保护商标注册人正确有效地行使自己的商标专用权，又可以避免不适当地扩大注册商标专用权的保护范围；既使商标注册人将其商标专用权限制在注册范围内，为区别和判断是否构成侵权提供了明确界限，也为当事人预防侵权、工商行政管理部门以及司法机关制止和制裁商标侵权行为提供了法律准则。另外，为了防止使用行为超出法律设定的范围，还规定了商标的另行申请与重新申请制度。

"商标权人的权利范围是在核定使用的商品或服务上使用核准注册的商标，这一规定比较严格，商标权人不能随意更改注册商标的构成要素，否则可能会导致注册商标被撤销；商标权人在核定使用的商品或服务之外的其他商品或服务上使用核准注册的商标，也不能享有商标权。"① 注册商标需要在核定使用范围之外的商品上取得商标专用权的，应当另行提出注册申请；注册商标需要改变其标志的，应当重新提出注册申请。如果商标注册人自行扩大其注册商标的使用范围或者任意改变其标志，则不但这种扩大使用行为无效，而且还可能导致其注册商标被撤销。注册商标专用权的保护范围既是商标注册人行使权利的依据，也是对商标专用权进行保护的界限。

（二）注册商标的保护方式

1. 对申请注册商标进行审查

依据对申请注册商标进行审查、异议和争议程序方面的立法规定予以保护。商标权人在他人申请注册商标受理过程和获取商标权以后，都可以对侵害自己的商标权的行为依法请求制止。

一种情况是在国家商标局审查、公告阶段，对正在申请注册的商标通过异议和争议程序，保护自己已经注册或已经使用并具有先用权的商标。即凡申请注册的商标如果与他人使用在同一种商品或者类似商品上，或与已经初步审定公告或已经被核准注册的商标相同或相似，则依法驳回其申请，不予公告；公告之后在规定期限内，若有人提出异议或争

---

① 窦祥铭，杜磊. 新时期我国商标权保护若干问题探讨 [J]. 通化师范学院学报，2019，40（1）：115.

议，经审查异议或争议成立的，则不予核准注册或撤销已注册的商标。

另一种情况是对已经注册的商标，可以通过请求宣告无效、撤销和注销等规定，保护自己的注册商标。

（1）请求宣布该注册商标无效。根据《中华人民共和国商标法》第44条有关规定，违反第10条"国旗、国歌等"、第11条"商品通用名称"、第12条"商品性质或获得技术效果的三维标志"等，或者以欺骗手段或者其他不正当手段取得注册的，由商标局宣告该注册商标无效，其他单位或者个人也可以请求商标评审委员会宣告该注册商标无效。

对于已经注册的商标，根据《中华人民共和国商标法》第45条的有关规定，在驰名商标、恶意抢注、在先使用等情况下，自其注册之日起五年内，在先权利人或者利害关系人可以请求商标评审委员会宣告该注册商标无效。对恶意注册的驰名商标所有人不受五年的时间限制。

（2）申请撤销。根据《中华人民共和国商标法》第49条的相关规定，注册商标成为其核定使用的商品的通用名称后没有正当理由连续三年不使用的，任何单位或者个人可以向商标局申请撤销该注册商标。

（3）依法注销。根据《中华人民共和国商标法》第40条的有关规定，注册商标有效期满，需要继续使用的，应该办理续展手续；期满未办理续展手续的，注销其注册商标。

2. 对商标侵权行为的制止和制裁

通过对商标侵权行为制止和制裁的立法规定予以保护。商标侵权行为是他人侵犯注册商标人的专用权的行为。根据侵权行为的性质和对社会的危害程度，分别适应不同的法律规范，追究其民事责任、行政责任或刑事责任。

商标侵权行为所侵犯的对象是注册商标所有人的商标专用权。我国商标法规定商标侵权行为的形式主要有以下几种。

（1）未经注册商标所有人许可，在同一种商品或者类似商品上使用与其注册商标相同或者近似的商标，容易导致混淆的。

（2）销售明知或者应知是侵犯他人注册商标专用权商品的，这种侵权形式包括：①将自己的非注册商标说成注册商标，违反了国家关于注册商标的有关规定，应予以工商行政查处；②假冒他人注册商标，不仅侵害了他人的注册商标专利权，应承担相应的民事责任，而且违反了国家商标管理的行政法规，应给予行政处罚，情节严重的还应承担刑事责任。

（3）伪造、擅自制造他人注册商标标识或者销售伪造、擅自制造的注册商标标识的，这种侵权是指未经商标注册人委托或授权，而制造附有文字、图形、组合所构成的注册商标标识；或者制造者超越商标注册人授予的权限，任意制造这种商标标识；或者销售他人注册的商标标识，包括销售可以作为商标使用的残、次、废、旧的注册商标标识。

（4）未经注册商标人同意，更换其注册商标并将该更换商标的商品又投入市场的，这种情况也称作反向假冒。反向假冒就是未经商标权人许可而撤、换他人合法附贴的商标后，再将商品投放市场的行为。

（5）恶意抢注商标行为。一种是具有商标申请优势的中介机构的抢注商标行为受到禁止。《中华人民共和国商标法》第19条第4款规定："商标代理机构除对其代理服务申请商标注册外，不得申请注册其他商标。"第15条第1款也规定，未经授权，代理人或者代表人以自己的名义将被代理人或者被代表人的商标进行注册，被代理人或者被代表人提出异议的，不予注册并禁止使用。另一种情况是企业或者个人恶意抢注他人使用在先的未注册商标的行为。如《中华人民共和国商标法》第15条第2款规定，就同一种商品或者类似商品申请注册的商标与他人在先使用的未注册商标相同或者近似，申请人与他人具有前款规定以外的合同、业务往来关系或者其他关系而明知他人商标存在，该他人提出异议的，不予注册。同时在第32条明确规定："申请商标注册不得损害他人现有的在先权利，也不得以不正当手段抢先注册他人已经使用并有一定影响的商标。"恶意抢注商标行为的认定需要注意：①商标申请人"明知"其商业合作伙伴的商标已经存在；②该商业合作伙伴的商标已经"在先使用"。

（6）故意为侵犯他人商标专用权行为提供便利条件，帮助他人实施侵犯商标专用权行为的。

（7）给他人的注册商标专用权造成其他损害的，这包括：经销侵犯他人注册商标专用权商品的；在同一种或者类似商品上，将与他人注册商标相同或相近似的文字、图形作为商品名称或者商品装潢使用，并足以造成误认的；故意为侵犯他人注册商标专用权行为提供仓储、运输、邮寄、隐匿等便利条件的行为；故意以造谣、污蔑等不正当手段给他人注册商标造成名誉损害等。对于假冒注册商标行为，构成犯罪的，可根据刑法予以刑事处罚。

3. 商标侵权的处罚

当发生侵犯注册商标专用权纠纷时，允许由当事人协商解决；不愿协商或者协商不成的，商标注册人或者利害关系人可以向人民法院起诉，也可以请求工商行政管理部门处理。侵犯商标专用权的赔偿数额，按照权利人因被侵权所受到的实际损失确定；实际损失难以确定的，可以按照侵权人因侵权所获得的利益确定；权利人的损失或者侵权人获得的利益难以确定的，参照该商标许可使用费的倍数合理确定；权利人因被侵权所受到的实际损失、侵权人因侵权所获得的利益、注册商标许可使用费难以确定的，由人民法院根据侵权行为的情节判决给予 300 万元以下的赔偿。

善意侵权的行为即销售不知道是侵犯注册商标专用权的商品，能证明该商品是自己合法取得并说明提供者的，由工商行政管理部门责令停止销售，不承担赔偿责任。

四、驰名商标的特别保护

（一）驰名商标的认定方式

驰名商标作为一个法律概念，是法律认可的事实状态和客观存在，即商标驰名的事实认定是有效保护驰名商标的前提。驰名商标的认定就是指按照一定标准对商标驰名的事实进行识别和判断，从而确定该商标是否构成驰名商标的法律行为。确认某商标是否系驰名商标，应考虑公众对其知晓的程度，包括在该成员地域内因宣传该商标而使公众知晓的程度，为各成员认定驰名商标确立了一个总的原则。驰名商标的认定方式主要包括以下几种。

1. 被动认定方式

被动认定方式是在商标所有权人主张权利时，也即存在实际的权利纠纷的情况下，应商标所有权人的请求，有关部门对其商标是否驰名，能否给予扩大范围的保护进行认定。被动认定为驰名商标提供的保护虽然是消极被动的，但这种认定以达到跨类保护和撤销抢注为目的，而且它具有很强的针对性，因而所得到的法律救济是实实在在的，这种法律救济解决了已实际发生的权利纠纷。被动认定是司法机关认定驰名商标的基本模式，被视为国际惯例。

2. 主动认定方式

主动认定方式是在不存在实际权利纠纷的情况下，有关部门出于预防将来可能发生权利纠纷的目的，应商标所有人的请求，对商标是否驰名进行认定。主动认定能提供事先的保护，使商标所有人避免不必要的纠纷。以往我国驰名商标的认定采用主动认定，后逐渐实行"以主动认定为主、被动认定为辅，主动认定与被动认定相结合"的方式，我国在驰名商标保护中越来越多地考虑依据现实中具体的情况。

（二）驰名商标的保护

1. 国际条约对驰名商标的保护

自 1883 年《保护工业产权巴黎公约》首次引入驰名商标的概念后，对驰名商标进行特殊保护已成为世界立法的趋势。很多国际性条约都对驰名商标给予了法律保护，而且这种保护是以特殊法律规定的形式确定的，现在这种保护正不断严格化。

《保护工业产权巴黎公约》是最早规定保护驰名商标的国际公约，该公约第 6 条之 2 是对驰名商标保护的经典规定，该条规定："本联盟各国承诺，如本国法律允许，应依职权或依有关当事人的请求，对商标注册国或使用国主管机关认为在该国已经属于有权享受本公约利益的人所有而驰名，并且用于相同或类似商品的商标构成复制、仿制或翻译，易于产生混淆的商标，拒绝或撤销注册，并禁止使用。在商标的主要部分构成对驰名商标的复制或仿制，易于产生混淆时，也应适用这些规定。"《保护工业产权巴黎公约》对驰名商标的保护采用的是相对保护主义，即禁止他人将与驰名商标相同或相似的商标在与商标所有权人相同或近似的行业中注册和使用，至于在非类似的商品上使用相同或近似的商标则是被允许的。

为了切实防止驰名商标的声誉、识别性和显著性特征受到不当利用的损害，许多国家对驰名商标实行了绝对保护主义，禁止他人在任何行业，包括与驰名商标商品不同或不相类似的行业中进行注册和使用与驰名商标相同或相似的商标，驰名商标所有人还有权禁止非商业标志的使用。与驰名商标所标示的商品或服务不类似的商品或服务，只要在不类似的商品或服务上使用该商标就会暗示该商品或服务与驰名商标所有人存在某种联系，使驰名商标所有人的利益可能因此受损。

2. 我国立法对驰名商标的保护

就相同或者类似商品申请注册的商标是复制、模仿或者翻译他人未在中国注册的驰名商标，容易导致混淆的，不予注册并禁止使用；就不相同或者不相类似商品申请注册的商标是复制、模仿或者翻译他人已经在中国注册的驰名商标，容易误导公众，致使该驰名商标注册人的利益可能受到损害的，不予注册并禁止使用。我国商标法对驰名商标的保护与对普通商标的保护相比较有两点特殊之处：①保护的范围不仅包括在中国注册的驰名商标，还包括未在中国注册的驰名商标；②注册驰名商标所有人的禁止权不限于类似商品上的近似使用，而是扩展到非类似商品的使用。

（1）对未在中国注册驰名商标的保护。我国在商标权的取得方式上一直奉行注册取得制度，注册是取得商标权的根据，未注册商标一般得不到法律保护。未注册商标与注册商标冲突时，注册商标优先。根据注册在先原则，首先使用商标的人如果不及时申请注册，一旦被他人抢先申请注册后便无法对该商标取得商标权。基于商标权独立原则，在其他国家注册的商标，在中国未注册的不受保护。如果某一驰名商标没在中国注册，其权利范围限制在不易导致混淆的相同或类似商品上，这体现了对驰名商标的特殊保护，也符合我国商标法的基本原则，即在一定范围内吸收了商标权使用取得原则的合理成分，赋予未注册驰名商标人以商标权，有利于在商标法领域实现实质上的公正，也顺应了商标国际保护的潮流。根据商标法和商标法实施条例及最高法院的司法解释，未在中国注册的驰名商标所有人（以下简称"未注册驰名商标所有人"）享有以下权利。

第一，如他人违反《中华人民共和国商标法》第 13 条第 2 款的规定，在商标注册过程中，未注册驰名商标所有人可以请求商标局驳回他人的注册申请。

第二，如他人违反《中华人民共和国商标法》第 13 条第 2 款的规定，在商标评审过程中，未注册驰名商标所有人可以请求商标评审委员会撤销他人已注册的商标，其权利行使期限为自他人商标注册之日起五年内；对他人恶意注册的，驰名商标所有人不受五年时间限制。

第三，他人违反《中华人民共和国商标法》第 13 条第 2 款规定的，未注册驰名商标所有人有权请求人民法院判令行为人承担停止侵害的民事责任。

第四，他人使用与未注册驰名商标相同或相似的商标用于相同或类似商品上，容易导致混淆的，未注册驰名商标所有人可以请求工商行政管理部门禁止使用。

第五，他人将其未注册驰名商标作为企业名称登记，可能欺骗公众或者对公众造成误解的，未注册驰名商标所有人可以向企业名称登记主管机关申请撤销该企业名称登记。

由此可见，在未注册驰名商标与普通注册商标发生冲突时，法律优先保护未注册驰名商标。当然，对未注册驰名商标的保护也不如对普通注册商标的保护水平，与对注册驰名商标的保护相比更不能同日而语，因为它毕竟不是注册商标，与我国的立法基本原则相悖。

（2）对在中国注册驰名商标的保护。根据《中华人民共和国商标法》第 13 条第 3 款的规定，注册驰名商标所有人的禁止权，不限于相同或类似商品上的相同或近似使用，还包括误导公众的不相同或不类似商品上的使用，这一规定实现了对注册驰名商标的跨类保护，从而使对注册驰名商标的保护水平，明显高于对普通注册商标和未注册驰名商标的保护水平。具体而言，前文所述未注册驰名商标所有人享有的"特权"，注册驰名商标所有人当然享有；商标法对普通注册商标保护的一般性规定适用于注册驰名商标；当注册驰名商标与普通注册商标发生冲突时，优先保护注册驰名商标。

在司法实务中，通过适用商标法关于驰名商标的特别规定以及对注册商标的一般规定，基本可以解决问题。对于侵犯商标权的行为，应当承担包括赔偿损失在内的各项民事责任。

第四章　　知识产权的创新运用

第一节　基于企业技术创新的专利战略

一、企业技术创新的实践路径

"知识产权管理是在企业技术创新过程中伴随产生的，并在技术创新快速发展的推动下，知识产权管理制度实现了逐步的完善，同时还使知识产权的内容和形式得到了进一步的丰富。"[①] 企业技术创新的实施从操作层面而言，一般须具备以下阶段：①第一阶段是创新思想的形成。创新思想的形成环境主要包括市场环境、企业环境和社会环境等方面。②第二阶段是创新技术的获取。创新技术的获取主要有企业依靠自己的力量进行技术创新活动，企业与其他部门联合开发，如与科研部门、高等院校等合作，或从外部引进。③第三阶段是企业生产要素的投入和组织、管理阶段。主要包括企业的人力、物力、资金、技术、信息等基本要素的投入与组织管理。④第四阶段是企业技术创新的效果展示阶段。企业技术创新的效果可以在经济指标和产品的物理、化学性能上得到反映，改进产品的物理、化学性能也常常是企业进行技术创新的出发点，在现实中，往往也只有在改进产品的物理、化学性能方面取得成果后，才能获得相应的经济效益。⑤第五阶段是企业技术创新成果的应用和扩散，即技术创新成果的产业化和技术创新成果在全社会的转让与推广过程。企业技术创新的实施路径有以下几个特点。

第一，贵在联合。由于技术创新存在着高投入、高风险，需要政府和企业自身的重视，才能顺利地开展技术创新活动。

第二，贵在开发。企业在技术创新中，应把主要精力放在新产品开发上，以新产品开发为本，加快推进企业的技术创新工作。在国内外市场竞争十分激烈的今天，消费者生活需求出现多样化和新潮化的格局，相当多的企业都非常重视产品的更新换代，以赶上消费

[①]　李芳. 企业技术创新与知识产权管理 [J]. 中小企业管理与科技（下旬刊），2021（7）：61.

变化的快节奏，不断进行技术创新，以新取胜，并以技术创新促进产品实现质优价廉。中小企业进行的技术创新大多是市场拉动型的，即根据客户的需求进行技术创新活动，其主要目标是利润最大化，因此，中小企业灵活的机制十分有利于技术改进和技术成果向现实生产力转化。

第三，贵在求独创。技术创新虽然有以新取胜、抢占市场竞争先机的作用，但在广大企业都注重技术创新而且创新能力普遍提升的情况下，企业间创新的竞争已经呈白热化状态，如果一个企业的技术创新没有自己的独创性，就很容易被其他企业模仿甚至超越。

第四，贵在讲时效。时效是决定企业技术创新能否成功并取得成效的一个不可忽视的重要因素。在知识经济时代，科学技术高速发展，一项创新思维的出现到产品实体的形成和上市，速度之快已经到了以月计算的地步。一个企业尽管有着良好的创新愿望，但如果在开发中不注重提高时效，就必定无法奏效。因此，企业新技术、新产品的开发要谋事早、行动快、时效好，迅速形成批量尽快推向市场，在以新取胜的市场竞争中才能捷足先登，抢占最佳销售时机，使企业的创新超人一筹，成效卓著。

第五，贵在用法律。企业要发展，就必须通过技术创新，培育企业的核心竞争能力。企业的知识产权是企业核心竞争能力的关键组成部分。一个企业知识产权的形成是企业长期经营的积累，是企业创新的成果和企业文化的体现，更是企业在激烈的市场竞争中，通过法律途径，对自己知识产权认真保护的结果。坚持做到创新前先查新，创新后重保护。特别是当自己的技术或产品已经达到独创水平，具有申请专利条件时，应及时提出专利申请，以求迅速被国家专利局批准为专利，企业就既不会因无意间侵犯他人专利权而遭受损失，又可运用专利法来维护自己的知识产权不受侵犯，维护创新带来的利益。

第六，贵在有远见。企业要从战略角度来审视技术创新工作，通过提升创新起点、强化创新个性特色，使自己的技术创新从策略性对策向战略性举措转变。

二、基于企业创新技术的专利战略运用

企业专利战略是企业结合自身优势和经济发展的实际情况，通过对专利情报及其有关信息的收集和研究，预测相关技术、经济发展趋势与方向，开展技术创新，为获得自主知识产权形成专利技术优势、竞争优势乃至整个市场竞争主动权，而做出的总体和长远的谋划与对策。实施企业专利战略，有利于强化企业自主知识产权的创新活动，提高可持续发展的创新能力，培育核心技术竞争力。基于企业创新技术的专利战略主要包括以下几种。

（一）控制性战略

控制性战略也可称为开创型专利战略，它是指企业基于对未来发展方向的准确预测，

积极主动地利用自身的技术和经济实力，抢先研制出技术含量高、具有技术竞争力和市场前景的发明专利产品，占领市场并获取超额利润的战略。实施这一战略的核心是技术领先，抢占技术制高点，形成自主知识产权的技术，占有技术的垄断权，其目的是尽可能垄断市场。开创型专利战略应包括以下几个部分。

1. 技术开发战略

企业的技术开发应以市场需求为导向，查新文献、广泛调研、充分论证，做到知己知彼，主要包括以下几个方面。

（1）充分进行专利文献检索。对本领域或相关技术领域专利技术发展动态跟踪，了解该技术领域最新发展方向，找出自己可以进入的切入点，分析开发的可行性、开发的技术含量、市场前景如何，以及该项技术后续开发和延伸的价值。

（2）分析该项技术的市场前景有无竞争对手及对手的实力，推向市场后的投资回收速度以及投资回报率。

（3）分析自己的技术实力、优势和弱点，有无引进人才和联合开发的必要，资金投入有无保障。只有在此基础上，才能正确选择技术开发方向及重点，做出正确决策。

2. 高起点战略

面对新技术、新发明不断涌现的知识经济社会，企业要在竞争中求生存和发展，占领市场和技术优势，就必须按技术创新的思路去开发技术和产品。首先，要走出仿制他人技术的思维方式，充分剖析，吃透现有技术的缺陷，避开现有技术的研究思路，提出全新的技术方案；其次，要提高技术的起点，走上技术进步和技术创新之路，要利用已有的技术优势，针对重大技术，加速创新技术开发，形成自主的知识产权，逐步形成具有市场竞争力的专利技术，并在国内和国际市场中占有一定份额；最后，技术创新要注重独创性，企业技术创新要十分注重强化独创性，既要从企业未来竞争的需要出发，在技术创新中注意独辟蹊径，以避免可能出现的同行业技术创新雷同，又要尽可能地提高技术创新层次，特别要积极开发居领先地位的高新技术产品，使别人很难模仿或匹敌。

3. 外围专利网战略

实施开创型专利战略应辅以外围专利网战略，即企业围绕基本专利进行再创新以形成强大技术屏障的外围专利，层层围堵他人的对抗和竞争。外围专利网战略是指企业开发的新产品取得专利后，为防止别人开发外围产品或利用其他方法生产相同产品与自己竞争，企业必须迅速地开发外围产品并取得专利，形成严密的专利网，不给竞争对手留下任何可利用的空隙，从而最大限度地保护自身专利。

发展企业重要的支柱技术，除及时申请专利外，还要在此技术的基础上进一步开发出外围周边技术，如对基本专利的改进或应用方法等也申请专利。而且，对重要的技术和产品，应采取"全立体式"保护，既申请发明专利保护技术的实质，又申请实用新型保护产品的结构，包装图案及装潢申请外观设计，形成一道"疏而不漏"的专利保护网。专利网扩大了企业对产品和市场的保护范围，使竞争对手在这一领域丧失活动余地，从而避免了竞争对手在同一产品及类似产品中对自己的直接威胁。

（二）专利输出战略

专利输出战略包括专利权有偿转让战略和专利有偿许可使用战略两种类型。企业通过技术创新所获得的专利技术、产品除自己实施生产外，还可以通过有偿转让专利的所有权或使用权的方式，收回技术创新的投入，并获得更大的利益。专利转让往往是一些实力雄厚的大企业常采用的策略，正逐渐成为国际技术贸易的一种重要方式。

在一定的时机、一定的环境条件下，转让专利技术从战略上讲是合理的。例如，没有利用专利技术的能力，或者是竞争者已牢固地占据市场，在这种情况下不进行专利转让，将会促使竞争者围绕该专利技术开展发明创造活动，如果有一个或多个竞争者获得成功，这时专利产品的市场份额就会被划分，专利权人就只能得到很小的市场份额。但是通过专利转让，企业不仅可以防止别人模仿自己的技术，还可以制定技术标准和收取转让费，而竞争者则可以获得一种比较廉价和风险小的技术投资方案。专利技术转让可以加速按照企业的技术将产业标准化的过程，如果有多家企业在推进该专利技术的发展，转让不仅可以使这种技术合法化，而且还有利于加速它的发展。有的专利转让，还实现了企业之间的技术互换。

在选择转让对象时，企业应慎重，否则就会因不恰当的转让而创造不必要的竞争者，最终因贪图短期利润而丢掉了自己的竞争优势和有利地位。如果转让给非竞争者，由于非竞争者很快将变成竞争者，专利转让者必须通过转让条款确保非竞争者不会变成竞争者而使这种风险最小化。为了确保受让方是一个非竞争者，转让方不仅必须考虑它服务的现有市场或细分市场，而且还必须考虑它将来可能进入的市场。如果将专利技术转让给一个竞争者就应选择好的竞争者，因为好的竞争者可以在促进需求、阻止进入和分担开拓成本等方面发挥重要作用。

（三）追随型专利战略

企业实施追随型专利战略在技术创新中往往可以收到良好的效果，其主要包括以下方面。

第一，模仿创新战略对于技术较为落后的企业往往是以购买专利引进技术作为振兴企业的生长点，通过消化、吸收他人专利技术来提高企业的技术水平和创新能力。模仿创新并不完全是照搬抄袭别人的技术，它同样要投入一定的研究开发力量，对已有的专利技术进行进一步的开发，只要改进产品的技术特征与原有专利的技术特征不同，提高产品的档次，企业可就改进部分的技术特征申请专利，甚至可迫使对方与自己签订交叉许可合同，相互允许对方免费使用自己的专利。因此，模仿创新并不只是单纯的模仿，而是一种渐进性的创新行为。模仿创新使技术开发的针对性得到增强，回避了研究开发竞争所带来的风险，从这个意义上与自主创新战略相比，模仿创新战略是一种风险较低的战略。

第二，技术创新中的小而新战略。技术创新是企业经济持续增长的不竭源泉已成为共识，但对于如何创新，其着力点又在何处，是由每个企业的实际情况而定的。重大发明创造、重大技术革新是创新，小发明、小创造、小改小革同样也是创新，创新存在于每一个细节之中，关键是企业如何去发现这种细节，如何去发现现实的和潜在的市场需求。企业可以围绕已经公开的基本专利主动进行应用性开发，在他人技术占主导地位的情况下，创造出许许多多的小专利，以己方的大量小专利与对方抗衡，形成交叉许可的态势，突破他人的技术垄断，甚至使他人的基本专利技术在己方的外围专利网中丧失技术发展的动力。企业实施追随型专利战略可以降低技术创新风险，节省研发的经费和时间，实现跨越式的发展。

第二节 基于创新环境的知识产权保护

一、创新环境与知识产权保护

（一）创新环境是创新驱动发展战略的重要支撑

创新环境是指在创新过程中，影响创新主体进行创新的各种外部因素的总和。主要包括国家对创新的发展战略与规划、国家对创新行为的经费投入力度以及社会对创新行为的态度等，强调产业区内的创新主体和集体效率以及创新行为所产生的协同作用。人才是创新的关键，良好的科技创新环境是人才潜能得以充分发挥的必要条件。环境和机制是人才成长和科学创造的基本条件，是原始创新的基础。环境是创新的动力，创新所需要的环境是创新驱动发展战略的重要组成部分，没有良好的创新环境，就无法有效激发整个社会的创新动力，难以实施创新驱动发展战略。实施创新驱动发展战略的关键是创新，创新的关键是人才，人才需要良好的创新环境。因此，良好的创新环境是实施创新驱动发展战略的重要支撑。

（二）　创新环境是知识产权强国建设的重要指标

国家知识产权实力是知识产权强国据以确立其国际地位，发挥其国际影响和作用的基础。以知识产权能力强、知识产权效益高、知识产权环境优等体现出来的知识产权实力是国家竞争力的重要来源。"由于知识产权保护的客体明显不同于其他物权或者财产，具有无形性特点，世界各国普遍采取特殊的保护制度和程序，在知识产权保护方面，实行'行政执法+行政准司法+司法裁判'的综合保护手段。"① 知识产权环境是将知识产权能力转化为绩效的基本因素，只有优良的知识产权环境、强大的知识产权能力才能为国家经济发展做出有意义的贡献，才能产生强大的知识产权国际影响力。知识产权能力的提升，以及能否转化为高水平的知识产权效益，离不开外部环境因素的影响。知识产权环境既包括崇尚创新、尊重和保护知识产权等文化环境，也包括法律和政策保障的法治环境，还包括以市场需求为导向的、政产学研一体化发展的市场环境。

1. 知识产权的文化环境

知识产权和知识产权制度的产生，离不开文化土壤的培育和发展。面对严峻的国际市场竞争形势，构建尊重知识、尊重人才、保护知识产权的文化氛围，提高知识产权意识，提升知识产权能力，成为知识产权强国建设必不可少的内容。

2. 知识产权的法治环境

知识产权法治环境不仅体现在制度规范体系建设方面，还重点在于高效的法治实施体系、严密的法治监督体系、有力的法治保障体系等。

3. 知识产权的市场环境

知识产权作为一种独占权，是和技术开发——产业消费者组成的市场结构相对应的一种权利，保护知识产权的本来意义，在于在产品供应者（生产者）之间建立一种竞争秩序。因此，知识产权制度为创新成果的权利化、实施转化、保护、运营等提供了一种合理的市场竞争秩序，对于优化创新资源的市场配置起着关键作用。通过对创新活动各个环节

---

① 李伟民. 知识产权行政执法与司法裁判衔接机制研究 [J]. 中国应用法学，2021（2）：103.

的知识产权分析、管理、运营和规划，可以促进人才、资金等创新要素的合理流动，吸引创新主体加大研发人力和经费投入力度，促进市场经济条件下创新资源和知识资源的高效配置。

知识产权对于创新的重要性在于它不仅规定了创新者对自己的创新成果在一定期限内享有排他的专有权，还规定了对侵犯这种专有权行为的各种法律制裁措施，包括民事责任、行政责任和刑事责任，这样就可以有效制止未经创新者许可而违法使用创新成果行为的发生，维持创新主体之间的公平竞争。与此同时，知识产权制度为了解决创新的动力机制问题，平衡竞争和垄断的冲突关系，在保护创新者个人利益的同时，还通过合理使用、法定许可使用、强制许可使用等制度，对创新者滥用权利的行为进行限制，以维护公平的市场竞争秩序，保证创新者个人利益与社会公共利益之间的平衡，以促进社会整体创新水平的发展。

(三) 知识产权保护对于营造创新环境的表现

知识产权一头连着创新，一头连着市场，是创新与市场之间的桥梁和纽带，是实现科技强到产业强、经济强必不可少的关键环节。实施创新驱动发展战略，建设知识产权强国，必须创造大规模高水平的关键核心知识产权，将知识产权转化为现实生产力，需要强有力的知识产权保护。

在知识经济时代，经济发展转向创新驱动，使经济发展更多地依靠科技进步、劳动者素质提高和管理创新驱动，创新成为经济和科技发展的动力和源泉。在国家综合国力的竞争中，经济和科技实力成为竞争的主要因素，而与经济和科技实力密切相关的知识产权实力，是经济和科技实力形成与发展的重要保障和驱动力，成为经济、科技实力的核心和主导因素。

科技创新成果只有通过法律程序形成知识产权，才能转化为受到法律保护的权利。而科技创新成果也只有在体现为知识产权之后，其本身蕴含的技术优势才能转变为竞争优势，其被赋予的制造、销售等排他性权利才能转化为开拓市场的手段和对产品市场的掌控权，最终才能在市场上得到更大的应用与发展。就一个国家的经济实力而言，知识产权对于一个国家在全球价值链中所处的地位起着关键作用。一个国家在产品全球链的核心环节拥有专利和品牌等知识产权，直接关系到其经济实力的大小。同时，知识产权对于战略性新兴产业的培育发挥关键作用，有助于实现一个国家在全球创新系统中对领先产业的占有。因此，知识产权实力竞争成为国际经济和科技竞争的前沿，知识产权实力是沟通科技实力与经济实力的桥梁，是将科技实力等转化为经济实力的推动力。

国家对加强知识产权保护提出了明确要求，做出了重点部署，构建了以《中华人民共和国专利法》《中华人民共和国商标法》《中华人民共和国著作权法》等为代表的、立法达到世界先进水平的知识产权法律法规体系。

二、基于创新环境的知识产权保护路径

（一）形成法律制度体系建设

知识产权制度设计中，需要明确知识产权保护的边界，最优地发挥知识产权制度激励、保护创新的功能。一方面，知识产权制度鼓励知识和技术创新，并对创新者权益进行保护；另一方面，知识产权制度设计，应根据自身社会经济发展程度和技术进步的要求，审慎平衡其中利弊，防止对于知识产权的过度保护。

1. 推进知识产权法律体系完备化和体系化

推进《中华人民共和国著作权法》《中华人民共和国著作权法实施条例》《中华人民共和国专利法》《中华人民共和国专利法实施条例》《中华人民共和国商标法》《中华人民共和国商标法实施条例》的修改工作；尽快完成《专利代理条例》的修订；研究制定《商业秘密保护法》《职务发明条例》等；针对技术创新和科技成果产业化进行立法，推进《中华人民共和国促进科技成果转化法》的修订工作，修改完善《中华人民共和国科学技术进步法》等法律法规，促进技术成果转让；尽快制定针对智能终端领域"图形用户界面"外观设计保护的法律规范，研究外观设计单独立法的可行性；研究制定电子商务领域知识产权法律规范。

加强知识产权法律法规与经济、科技、贸易方面的法律法规的统一、协调。一方面，修改完善《中华人民共和国反垄断法》等法律法规，维持统一开放的市场秩序，市场化程度越高，对反垄断行为的要求就越高，要针对垄断行为建立事先审查机制，把公平竞争审查制度法制化；另一方面，建立知识产权主管部门与其他部门在知识产权相关法规制定和实施中的信息沟通和协作机制，促进相关法律制度之间的相互衔接。依据《中华人民共和国反垄断法》的有关规定，研究和制定滥用专利权构成垄断行为的判定标准及程序；积极推动涉及知识产权的国家标准管理规定的出台，制定国家标准涉及知识产权问题的处置原则以及披露义务相关规范；健全对外贸易和海关相关法律法规中与知识产权有关的规定及协作机制；加强遗传资源管理制度与专利制度之间的协调与衔接。

2. 制定、修改、废除并解释知识产权法律法规

推动技术进步和创新，是我国知识产权法律体系，特别是专利体系的目标和宗旨。建

立知识产权法律体系，必须解决创新主体在维护和使用创新成果过程中所面临的各种问题。在知识产权创造中，要实现创新资源的优化配置，要明确其所有权。明确由政府出资主导完成的发明创造的所有权，明晰这些发明的推广和使用政策，使国家财政在推动自主创新和推广方面起到积极作用。同时，要严格化赋予专利的条件，提高专利授予的质量；修订和完善专利确权程序，缩短专利确权与争议解决时间。在运用知识产权的过程中，要充分利用技术创新来支持经济发展，最关键的是要推进知识产权的应用。《中华人民共和国专利法》在借鉴国外有关专利实施的相关规定的基础上，根据我国目前的实际情况及今后的发展需要，制定有利于其应用的法律法规。

在知识产权的保护上，健全有关专利行政执法和判断专利侵权的标准；针对专利转让、许可、质押等新问题，适时进行规范；专利侵权判定标准应尽早制定司法解释。在强化专利保护的同时，还应对规制专利滥用的法规进行研究。具体的对策是：在专利侵权案件中，进一步完善现行的技术辩护体系；为了规范侵权，应设立诉讼保证或恶意侵权损害赔偿。

3. 构建以知识产权为导向的公共政策体系

公共政策是国家、政府和公共权力机关运用公共资源解决社会公共问题、平衡和协调公共利益的一种公共行政行为。知识产权公共政策要有一个清晰的目标导向，就是要通过有效地执行知识产权的公共政策，为国家的经济和社会发展提供持续的动力。

我国知识产权公共政策体系，应该以实现知识产权政策与法律制度以及其他领域政策之间的协同效应和功能整合为目标。一方面，将知识产权法律制度和公共政策在适用范围、效力等要素上实现有机衔接、功能互补；另一方面，推动知识产权政策与科技创新、市场竞争、贸易、公共卫生等领域政策的体系化和有机统一，发挥知识产权政策在其他领域的积极作用，要确保财税金融、风险投资、公共采购、研发投入、技术创新、进出口、反垄断等政策工具向有利于知识产权的创造、产业化方面倾斜。统筹国内知识产权政策与知识产权领域的对外贸易政策、外交政策，将有利于中国发展的知识产权制度建设成果转化为国际规则。

(二) 完善知识产权司法保护

积极推进知识产权司法保护体系建设，合理设置知识产权审判机构，合理调整知识产权审判标准，有效控制诉讼时间和诉讼成本。

1. 设置知识产权审判机构

在案件相对集中的地区设立知识产权巡回上诉法庭进行审判，综合审理知识产权民事、行政和刑事案件。加强基层法院知识产权审判机构建设，加大基层法院资源投入，提升基层法院知识产权审判能力。建立知识产权司法协助机制，积极开展知识产权取证和查证方面的区域司法协助，推动开展知识产权执行方面的区域司法协助。

2. 调整知识产权审判标准

根据各类知识产权的不同特点和保护需求，明确分门别类、区别对待和宽严适度的宏观司法政策，推进知识产权审判工作的规范化和统一化。诉讼程序流畅清晰，兼顾公平与效率，将诉讼时间和诉讼成本控制在合理范围内。完善权利人维权机制，合理划分权利人举证责任。

（三）健全知识产权行政保护

建立统一的知识产权行政保护队伍，提高行政保护效率，持续加大知识产权行政保护力度，有效遏制知识产权侵权假冒行为，及时化解知识产权领域各类纠纷矛盾，维护稳定的社会秩序与诚信的市场秩序。

1. 构建统一的知识产权行政保护队伍

加快体制改革、资源整合，推动知识产权行政保护队伍统一化和规范化，提高行政保护效率。建设并完善知识产权执法案件信息报送系统、办案系统、举报投诉系统。

2. 加大行政保护力度并遏制侵权假冒行为

创新行政保护机制，加大电子商务、展会、进出口、自贸区等重点领域知识产权行政保护力度，加大对食品药品、医疗器械、环境保护、电子信息等民生和高新技术领域的知识产权案件查处力度，组织查办跨地区及社会反响强烈的知识产权侵权假冒案件。强化知识产权行政保护办案信息公开工作，将有关侵权假冒信息纳入社会信用体系，大力支持配合社会信用体系建设工作。

（四）落实协调高效的知识产权保护机制

优化知识产权机构的设置、职能配置，构建权责明确、协调顺畅的知识产权行政管理体系。加强中央与地方的沟通协调，促进其合理分工，凝聚管理合力。针对不同地区、不同部门、不同产业以及知识产权运行的不同阶段，因时因势、因地制宜地创新手段，增强经济调节的针对性和灵活性。深化我国知识产权行政管理部门改革，理顺各级知识产权职能部门的关系，优化知识产权行政管理体系。加强知识产权行政管理部门的软硬件建设，提高公共服务和依法行政水平。

尽快完善具有独立建制或编制的省、市、县三级知识产权管理机构。建立健全具有独立编制的省、市、县三级知识产权管理机构是强国建设中加快知识产权行政体制改革、推动创新驱动发展的工作重点，至少应当在地级市和知识产权较发达的县级市建立健全具有独立编制的知识产权管理机关，为知识产权工作运用法治思维与法治方式推进创新驱动发展提供广泛的社会组织保障。

第一，充分发挥重点行业协会的作用，成立全国性的知识产权非诉解决机构。运用法治思维和法治方式解决知识产权纠纷，推动创新驱动发展。

第二，培育一批社会调解组织和培养一批专业调解员，加快推进建立知识产权侵权纠纷快速调解机制，是运用法治思维和法治方式解决知识产权纠纷推动创新驱动发展的重要手段。同时，在知识产权企业聚集地区设立维权服务援助分中心或工作站，帮助被侵权的知识产权企业制订比较完善的维权方案，给经济困难的权利主体提供无偿的法律帮助。

第三，完善知识产权仲裁制度。首先，现有仲裁庭设置已不能满足大数据时代裁决知识产权纠纷的需要，可以在经济比较发达的城市或者各省会城市设立专业化的知识产权仲裁庭；其次，严格限制知识产权仲裁庭仲裁员门槛，尽量聘请兼具法律知识和科技艺术类知识的专业人才；最后，仲裁与调解相结合，建立灵活的仲裁裁决机制，鼓励双方选取对所涉案件和当事人都比较了解的仲裁员。

第四，发挥公证机关在知识产权和解过程中的作用，加强公证和解制度构建。和解在整个非诉机制中是时间短、花费低、效率高的纠纷解决方法。应当大力宣传，引导企业建立先"和解"再"调解"最后"诉讼"的观念。经过公证机关确认后，和解书即具有法律效力，这样既能解决纠纷又能成为执行的依据。

第三节　基于创新体系的知识产权管理

一、创新体系与知识产权管理

（一）知识产权管理体系和管理能力现代化

从培育充满活力的创新主体、系统布局高水平的创新基地、打造高端引领的创新增长极、构建开放协同的创新网络、建立现代创新治理结构、营造良好创新生态等方面开展国家创新体系建设。其中，进一步明确政府和市场分工，持续推进简政放权、放管结合、优化服务改革，推动政府职能从研发管理向创新服务转变；明确和完善中央与地方分工，强化上下联动和统筹协调；加强科技高端智库建设，完善科技创新重大决策机制；改革完善资源配置机制，引导社会资源向创新集聚，提高资源配置效率，形成政府引导作用与市场决定性作用有机结合的创新驱动制度安排；强化创新的法治保障，积极营造有利于知识产权创造和保护的法治环境；持续优化创新政策供给，构建普惠性创新政策体系，增强政策储备，加大重点政策落实力度；激发全社会的创造活力，营造崇尚创新创业的文化环境，就是国家创新体系建设在体制机制方面的主要目标要求。

知识产权作为激励创新的基本保障，其治理体系和治理能力现代化是国家治理体系和治理能力现代化的重要方面，也必将对国家创新体系建设产生重要的影响。

（二）知识产权管理现代化对于知识产权强国建设的内容

知识产权管理现代化就是要在知识产权授权确权的基础上，构建通过有效治理手段推动知识产权运用，促进工商业和对外贸易繁荣与发展，提升综合国力，并在对外关系、国际秩序构建中发挥作用的高效治理体系，其核心就是要打通知识产权创造、运用、保护、管理、服务全链条，构建便民利民的知识产权公共服务体系，探索支撑创新发展的知识产权运行机制，有效发挥知识产权制度激励创新的基本保障作用，保障和激励"大众创业、万众创新"，助推经济发展提质增效和产业结构转型升级。

从建设知识产权强国的战略目标分析，国家知识产权治理体系现代化的基本构成元素包括政府、社会和市场三个主体，其现代化有赖于政府、市场、社会这三类基本构成元素的现代化。国家知识产权管理体系要实现现代化，政府、市场和社会三个构成元素均要首先实现现代化，同时还要实现三者之间互动关联关系的现代化，这些构成元素及其关联关系的现代化可以通过体制和机制两个层面的现代化来实现。

1. 管理体制现代化

管理体制现代化就是国家知识产权管理体系基本构成元素的现代化。具体而言，就是要在知识产权管理体系中完成建设现代化的政府机构、现代化的市场主体以及现代化的社会组织，这三个环节的现代化缺一不可。

政府在我国的国际知识产权管理体系中应当且一直处于主导地位，知识产权强国和现代化管理体系建设过程中所遇到的共性问题和公共需求要由政府来统筹解决。今后政府应继续着力完善知识产权法律法规、制度和政策，更加积极地参与影响乃至制定新的国际知识产权规则，着眼于成效来加大知识产权保护力度，推动引导我国知识产权治理体系中的市场主体和社会组织共同践行国家知识产权战略，并持续投入提供知识产权公共产品以满足不断变化的公共需求。

市场的主体是各类企业，因为企业是知识产权制度下各种知识产权创造、运用和转化的主体。随着近年来我国经济持续高速增长，对外贸易日益繁荣以及整体市场经济体制的逐渐成熟，企业的知识产权意识也有所增强。但是总体而言，我国企业知识产权创造、运用、转化的能力和意识水平仍然有待提高。未来要向创新型企业发展，则需要强化知识产权意识，进一步提升自身的知识产权能力水平，加大对于资金、研发、人才以及组织架构完善等方面的投入，增加与体系内其他主体，特别是政府机构和社会组织的互动，借助内力和外力的共同作用来促进自身知识产权创造、运用和转化能力水平的现代化。

2. 管理机制现代化

我国当前知识产权制度运行机制划分为决策机制、协调机制、部门间协作机制和执行机制四个层面。

（1）决策机制的现代化。我国目前知识产权决策机制的特点主要包括：①各部门分散决策；②部分由最高层决策。建立统一的、高级别的决策机制十分必要，通常决策层级别比较高，知识产权涵盖范围广，涉及的国民经济部门多，高层级决策有助于综合考虑各方面情况，是符合决策机制现代化要求的。

（2）协调机制的现代化。我国目前知识产权类型复杂且分散，管理和保护涉及的部门众多，协调机制的合理高效便显得尤为重要。有必要建立直接设在国务院的综合协调机制，撤销现有的多个跨部门议事协调机制，或者将它们纳入其中，从整体上统筹协调各个方面的知识产权工作，以此作为实施创新驱动发展战略和建设知识产权强国战略的支撑。

（3）部门间协作机制的现代化。要充分利用大数据、"互联网+"等技术手段，建设统一的知识产权公共服务平台，面向社会公众提供完备的基础性知识产权信息服务，实现信息化的知识产权管理多部门协作，促进知识产权相关行业和产业的壮大和升级。

（4）执行机制的现代化。应当继续深化知识产权司法机制方面的改革，培训知识产权专业人才队伍，按照现有思路进一步完善执行机制。行政执法方面，着眼于提高执法效率和效果，同时以"协作"促"执行"，更多地利用知识产权综合执法模式来替代以往各部门单独的行政执法，通过部门间协作机制来协调海关、公安等部门配合综合执法活动。司法保护方面，在多地推广建设更多的知识产权法院，推动知识产权法院获取刑事审判职能，采用"三审合一"模式来审理知识产权案件。对于普通法院的知识产权法庭，要统一审判标准，为知识产权司法保护创造良好的环境。

二、建设知识产权强国创新体系的途径

（一）促进知识产权综合管理体制改革

解决现阶段企业内部分散化、碎片化、部门化等问题，统筹好知识产权的各个环节，提高知识产权的创新与向现实生产力的转化，是摆在当前的现实任务，具有现实紧迫性。当前我国多部门的分权经营状况，需要在上级领导下进行统一的权力协调。对大部分主管知识产权的部门而言，知识产权的工作不是它们的核心功能。涉及知识产权的各个部委局往往会根据各自的职能来制定政策，但由于没有统一的计划，导致各个部门间的横向合作付出了很大的代价，这会影响企业的实际经营效果。随着我国科技创新发展战略的实施，企业内部的知识产权管理显得越来越重要，因此，企业内部的信息交流与协作就显得尤为重要。

（二）落实知识产权公共服务职能

1. 加大知识产权保护力度

进一步加大知识产权保护力度，将知识产权侵权行为纳入社会信用记录。在行政保护方面，改变现有各类联合执法的方式，设立标准的综合保护模式，以规范的知识产权综合执法寻求最佳的保护效果；在司法保护方面，完善知识产权审判体制，优化审判资源配置，处理好行政保护与司法保护之间的关系。

目前，我国知识产权方面的法律法规相对西方发达国家并没有太大的差距。我国要加大保护力度，严格保护标准，严惩违法行为，共同营造公平公正的市场氛围。有必要设立一套标准的综合执法机制，规范需要参与综合执法的各个部门，并明确其职责分工。这样做的一个好处是可以降低各部门之间的协调成本，提升行政执法效率。综合执法使各部门各司其职，能够相对低成本高效率地达成既定目标。相对司法保护而言，行政执法的效率更高，需要对行政执法进行必要的规范，以利于创建良好的知识产权市场环境。

2. 形成知识产权激励机制

提高价值确认门槛，提高知识产权申请费用，调整价值分配规则，降低知识产权维持费用，积极寻求加入《工业品外观设计国际保存海牙协定》，支持通过市场化手段提升职务发明人的收益。要提高价值确认的门槛，提高知识产权申请费用，通过申请费用的上涨，部分拦截那些单纯为了完成某些指标而提交的申请，既能更加有效地利用申请审核资

源，又能缓解当前申请数量大而申请质量不高的问题。支持用市场化手段提高职务发明人的收益，激发其从事创新研究的积极性，鼓励提高职务发明人获取经营收益的比例，特别是用股权激励方式来激发职务发明人的创新动力。

3. 构建知识产权公共服务平台

从治理理论角度而言，政府作为治理理论三个主体中的主导者，其目标即是主导市场与社会良性互动，进而形成良性循环，乃至推动整个领域的健康发展。平台战略的运用与治理理论基础是不谋而合的，恰当地建设和运用平台将是治理理论实践的一种有效手段。

（三）完善知识产权社会治理

1. 培育形成企业联盟

我国在新一轮全面深化改革的过程中，强调了充分发挥市场在资源配置中的基础性作用。具体的体现之一就是发挥好市场主体的企业的积极性，其提供了政策基础，重视和实现企业在创新和知识产权创造中的主体地位。企业的这种主体作用还有一个最为重要的表现是，通过企业联盟来实现在知识产权创新决策中的发言权，包括国家的知识产权立法、执法以及某一领域的重要产业政策和管理决策等。

2. 发挥社会力量与建设专业人才队伍

鼓励相关知识产权行业协会开展交流与协作。专利代理人协会、知识产权保护协会等相关行业协会应在加强领域内协会间交流协作的同时，加强与律师协会等相关领域行业协会的人才交流与交叉培养，培养知识产权和法律复合型人才。

利用社会资源广泛开展知识产权从业人员的职业技能培训和知识产权普及教育。由于行政资源的稀缺性，应进一步调动社会资源、社会力量，加大对于知识产权从业人员的培训力度、加大知识产权教育普及程度。

第五章 知识产权文化教育的建设研究

第一节 知识产权文化教育的思想原则

一、本土特色与世界共性兼顾原则

文化具有同一性和多样性的特征。知识产权文化既包含具有世界共性的价值观念和制度标准,又体现了各种不同文化样式的精神品质和传统习惯。如世界范围内各国知识产权制度要与国际接轨,这体现的是同一性;世界各国由于传统、文化、制度具有地域性差异,导致知识产权也带有不同的文化元素,这体现的是差异性。中国有几千年的文明历史,中国的文化有一种包容和融合的能力,能够将不同的文化融会贯通。作为一个发展中大国,应倡导开明思维,积极推行有效措施,建设具有本土特色与世界共性的明达的知识产权文化。由于各国历史和传统的不同,政策和制度的不同,教育环境、方式、手段都会不一样。知识产权教育和文化建设必须立足基本国情,具有世界眼光。我国知识产权教育应在吸收先进经验的基础上,结合本国国情,寻找符合本国实际的知识产权教育内容和方法。

二、政府与学校教育主导原则

"知识产权具有无形性质、私权性质和法权性质,知识产权制度具有专有性、时间性和地域性。"[①] 知识产权文化作为一种激励创新文化、诚实守信文化,是知识产权制度的核心内涵,它的受益范围具有显著的社会整体性,它的受益时间必然是在应用转化之后,所以,知识产权教育和知识产权文化建设的社会效益和经济效益又具有滞后性,必须主要依靠政府发挥作用。构建知识产权文化建设的基本框架,需要全民参与,政府要善于组织知识产权文化建设的大型专项活动;引导社会各类主体及个人,参与各种知识产权文化实践活动;鼓励企业和其他社会组织举办具有社会和经济双重效益的知识产权文化活动。学

---

① 胡神松,魏芳.我国知识产权教育与文化战略研究 [M].广州:世界图书广东出版公司,2014:52.

校作为知识产权教育的主阵地，应培养符合社会需要的知识产权专门人才。学校是我国知识产权教育与文化建设的中坚力量，理应发挥主导作用。

三、继承与创新结合原则

文化通过继承与创新才会一直延续，文化创新是文化发展的前进动力。但一切文化都不是横空出世，而是在既有文化积淀的基础上借鉴与启发的，不可能忽略文化的地方性、民族性和传统性。我国的知识产权文化建设也应注意与传统文化的承接，使这种新型文化能被我国社会真正普遍接纳和认同。在继承与创新的过程中，发扬光大与知识产权文化具有一致品质的传统文化，摒弃与知识产权文化精神实质相悖的传统观念，借鉴和吸收世界范围内知识产权文化的先进成就，创造和完善有利于创新和尊重知识产权的社会价值体系。知识产权教育也应在已有成效的基础上，总结成功的教育经验，紧跟时代步伐，吸收和借鉴先进方法，在继承中创新教育观念、创新教学方法、创新教学内容。

四、其他文化与教育协同发展的原则

知识产权文化属于文化中的一个组成部分，在文化这个大系统里，知识产权文化必然与其他文化产生直接或间接的联系。在社会发展的过程中，不同文化之间是相互作用和相互影响的，任何一种文化的变化都会受到其他类型文化的影响，反过来也会影响其他类型文化的变化与发展。因此，知识产权文化并不是一个孤立存在的文化单元，对其他文化也具有依赖性和共享性，知识产权文化建设必须与物质文明、精神文明、政治文明建设协同发展。知识产权文化教育培养的是一种复合型人才，这就决定在知识产权教育过程中，要将知识产权教育贯穿于其他教育活动中，才会达到更好的效果，包括与专业教育、思想政治教育、素质教育协同前行。

第二节 知识产权文化教育的规划目标

一、知识产权文化教育的战略规划

（一）实现教育联动

实现知识产权普及教育、专业教育与职业教育的联动或互动，构建我国知识产权国民

教育体系。

第一，普及教育主要是指面向大、中、小学生和各种社会主体开展学校教育和专题培训。通过这种教育形式可以感知、消化和理解知识产权法律知识和法律制度。

第二，专业教育主要是指高等教育包括本科教育和研究生的学位教育。从全国高校而言，知识产权相关专业的设置不外乎以下几种：①知识产权第二学士学位；②法学本科专业设知识产权方向；③辅修知识产权双学位；④知识产权法律硕士研究生；⑤本硕连读；⑥知识产权法学硕士/博士研究生。对于我国高校知识产权研究生教育，主要在两个学院（系）进行，一个是法学院（系），另一个是管理学院（系）。法学院（系）偏重知识产权法学，最终授予法学硕士、法律硕士或法学博士学位；管理学院（系）偏重知识产权的经营管理，最终授予管理学的硕士或博士学位。通过专业教育能够培养相关人才坚实宽广的法学理论和系统全面的专业知识，熟悉知识产权前沿问题和相邻学科重要理论及实践问题，具有系统研究、探讨和解决知识产权实际问题的能力。

第三，职业教育主要是指针对管理主体、市场主体和服务主体开展知识产权理论、法规、政策、制度以及管理、经济、科技知识等方面的应用性质的教育，这种教育形式的特点是以职业应用为主、科技法律兼容、文理交叉渗透、理论实践结合，为行政管理部门、企事业单位和中介服务机构专门培养从事知识产权业务管理、法律咨询、知识产权代理、司法鉴定、法律救济等方面的职业型、复合型和应用型人才。随着信息科学技术的高速发展，网络传播和数字作品层出不穷，为知识产权教育提供了现代技术教育手段。搭建远程教育平台，采用多媒体网络教学方式，可以把普及教育、专业教育、职业教育链接起来，合理的人机交互界面及其良好的开放性结构，通过电子教材、电子教案、课程幻灯片、同步练习、案例分析、能力测试、问题解答、腾讯 QQ 群讨论、师生交流等栏目，不仅为在校生，也为社会各类主体提供了方便、简洁的学习途径与丰富的教学资源，为构建我国知识产权国民教育体系提供了保障条件。

（二）实现协调统一

实现人才培养、学术研究、社会服务和文化传承与创新的协调统一，营造我国知识产权文化氛围。人才培养是指培养和造就一支数量充足、结构优化、布局合理、素质较高的知识产权人才队伍。学术研究是指围绕知识产权的热点、难点、焦点问题开展知识产权教育与文化创新的理论研究、应用理论研究和实务研究，探讨知识产权教育与文化建设的发展方向、发展目标和发展规律。通过举办各种研讨会、沙龙、讲座、论坛、展览会、座谈会等形式交流学术研究成果，互相借鉴启迪思维，为文化传承与创新提供更多的理论指导和精神支撑。社会服务是指开展知识产权法律咨询、各种代理、作品传播等社会活动，积极开展动漫游戏、公益广告、文艺演出、知识竞赛等群众喜闻乐见、通俗易懂的多种社会活动，加强知识产权法制宣传和知识产权文化传播。文化传承与创新是指培育和弘扬知识产权文化活动。我国知识产权文化要做到内化于心、践之于行，重要的是要处理好我国传统文化与知识产权文化的关系，真正做到尊重知识、尊重知识产权、崇尚创新、宽容失败、诚信守法、遵循规则，为在全社会营造知识产权文化氛围贡献力量。

二、知识产权文化教育的战略目标

"我国开展知识产权教育不仅要提高全社会的知识产权意识，更重要的是要培养创新驱动发展需要的知识产权人才。"① 知识产权教育与知识产权文化战略目标分为近期目标和远期目标，近期目标是熟悉一种制度，形成一套机制；远期目标是形成一种理念，培养一种能力，主要包括以下几个方面。

（一）熟悉一种制度

知识产权教育的主要内容就是让人们熟悉知识产权法律知识和法律制度，使社会公众了解知识产权、认同知识产权、尊重知识产权、提高知识产权意识，并自觉遵守知识产权法律制度，能够做到保护和管理知识产权，加强知识产权制度与其他管理制度、经济制度、文化制度的衔接，充分发挥知识产权制度文化的引领作用、示范作用和司法作用。

（二）形成一种理念

培育知识产权文化就是为了使社会公众形成"尊重知识、崇尚创新、诚信守法"的知识产权文化的基本理念，既要尊重知识，也要尊重劳动；既要主张竞争，也要倡导合作；既要激励创新，也要传承文明；既要保护私权，也要考虑公共利益；既要依法，也要守法。

（三）培养一种能力

通过知识产权教育与文化建设，提高社会公众特别是社会各类主体的知识产权创造、运用、保护和管理能力。包括增强市场主体利用全球知识资源进行自主创新的能力，提高知识产权制度和知识资源有效配置的运用能力，实现知识产权与技术创新、文化创意和品牌创建的创造能力。

---

① 汪张林. 知识产权教育发展探析［J］. 科技创业月刊，2021，34（12）：111.

（四）形成一套机制

形成一种能让我国知识产权教育与思想政治教育、素质教育协调一致的运行机制。做到知识产权教育与道德教育、法制教育协调一致，知识产权文化与其他文化包括中外文化、传统文化、现代文明的协调一致。不断提高社会公众讲求信用、恪守承诺、心怀善意、诚实不欺的认知与心态，不断树立有法可依、有法必依、执法必严、违法必究的法治观念，使人们的思想水平、道德水平、法律水平成为维系市场经济健康有序发展的文化底线，成为社会公众普遍遵守的道德标准和行为准则。

第三节　知识产权文化教育的实际成效

一、树立知识产权意识

知识产权意识是人们对知识产权创造、保护、运用、管理，知识产权法律、知识产权战略、竞争、创新等基本观念和认识的主观能动反映。

（一）知识产权的创新意识

创新是一个民族进步的灵魂，是国家兴旺发达的不竭动力，是一个国家竞争力的重要体现。创新要求人们思想活跃、富于创造性和批判性、不因循守旧、敢为人先、标新立异。具备强烈的创新意识是前提，只有具备强烈的创新意识，才会从事创新活动、产生创新成果、形成自主知识产权。知识产权制度本身就是创新的产物，它保护知识产权创造者的权益、激励创新热情、推动社会文明进步，其中著作权保护创造性作品，专利权保护创新技术和产品，商标权保护有识别性的标志。所以，创新是知识产权的前提和基础，没有创新就没有知识产权的产生，就没有相应的知识产权制度。培育创新意识是培育知识产权意识的前提。

（二）知识产权的创造意识

创新要发挥应有的作用，需要知识产权作为保障。创新的目的就是要创造知识产权，在整个创新过程中，要以创造知识产权为先导，形成自主知识产权和自主品牌。知识产权制度可以保护创新成果，在知识产权制度的保障下，要将创新成果进行转化运用，使之产权化与商业化，在商业中获得价值回报后反哺创新活动。所以，知识产权既是自主创新的出发点，又是自主创新的落脚点；既是自主创新的基础，又是自主创新的衡量指标。

在知识产权领域，著作权、商业秘密权一旦创造成功就自动产生，其他智力创造成果则需要经过行政部门的授权才会转化为知识产权，这就需要人们应该具备知识产权创造意识，及时将创新成果通过申请、注册等法定程序转化为知识产权。

（三）知识产权的保护意识

保护知识产权，不仅是树立我国国际信用、扩大国际合作的需要，更是激励国内自主创新的需要。保护知识产权，就是尊重劳动、尊重知识、尊重人才、尊重创造，就是鼓励科技创新。知识产权的保护对于一个国家的发展具有重要的战略意义。各国在知识产权方法上都普遍实行行政保护和司法保护，但这两种均是公权力保护，如果社会公众不具备知识产权保护意识，知识产权得不到人们的尊重，那么仅靠公权力保护是远远不够的。培养知识产权保护意识主要包括以下几个方面。

1. 尊重意识

知识产权的尊重意识是指尊重、不侵犯他人知识产权，保护他人知识产权的意识，应当培养尊重知识产权的意识，形成崇尚创新、尊重知识的观念。

2. 自我保护意识

知识产权的自我保护意识是指维护自己合法权益的意识，因为知识产权客体具有无形性的特点，侵权手段也十分便捷，致使知识产权很容易受到侵犯。所以，人们要有知识产权自我防范意识，保护好自己的知识产权以防止他人侵犯。要及时申请专利、及时注册商标，企业要建立完善的知识产权管理制度和健全的知识产权机构。当自己的知识产权遭到他人侵害时，要敢于维权、勇于维权、及时维权。与此同时，当被他人诉诸侵权时也要积极应对，敢于抗辩。

3. 运用意识

知识产权不单是保护智力成果的一种手段，其作为无形资产更重要的是一种竞争手段，只有通过商业应用，才能充分发挥知识产权资本价值的作用。因此，必须在保护好知识产权的前提下，将其应用到生产经营中，或者通过许可交易的方式来获取利益。只有将知识产权释放，将其转化为生产力，才会带来经济效益和社会效益，才能真正体现出知识产权的资本价值，才能为企业后续获得更多的知识产权提供强大支持。市场主体应该树立知识产权运用意识，保护好、利用好自己拥有的自主知识产权，增强企业核心竞争力，占领市场。

4. 管理意识

在知识产权开发、保护、运用的整个过程中都需要对知识产权进行科学管理，否则难以发挥知识产权的价值与作用，在整个过程中如果某一环节管理不善，会导致知识产权流失，不能充分发挥知识产权效能，给企业造成不必要的损失。培养知识产权管理意识，要完善我国知识产权行政管理体制，企、事业单位及其他组织要建立完善的知识产权管理制度、设立专门的知识产权管理机构、创设知识产权激励机制等。

5. 竞争意识

在经济全球化和知识经济时代，企业之间的激烈竞争焦点主要表现在知识产权和人才素质两个方面，企业创新成败和竞争胜负的关键取决于知识和人才。因为知识产权具有独占性，企业可以把技术创新优势转化为合法的市场垄断优势，获取合法的垄断利润。因此，高质量的知识产权是企业核心竞争力的关键因素，进而让企业在激烈的市场竞争中立于不败之地。对于我国企业而言，在加强技术创新的同时，必须增强知识产权竞争意识，只有创造和培育企业的自主知识产权优势，才能在竞争激烈的知识经济时代赢得主动地位，占领市场，取得强有力的竞争优势。

二、培育知识产权价值观

价值观是指人们对周围客观事物的总体看法和评价，它是世界观的核心，是人们从事一定行为的内部驱动力。一个人的价值观的体现，是通过其行为以及对事物的各种态度表现出来的，它是人们用来评价行为、事物，进行某种决策的准则。价值观是人们对社会存在的一种反应，是人们从事一定行为的心理基础，价值观涉及社会生活的方方面面，并且起到支配、调节一切社会行为的作用。

个人所受的教育及所处的环境不同，形成的价值观也会不同，不同的家庭、不同的学校、不同的工作环境以及社会环境对个人价值观的形成都会起到至关重要的影响。个人价值观的形成有一个过程，随着知识的增长和生活阅历的丰富，价值观会逐步形成。但价值观又具有稳定性，一旦确立就不会轻易改变。社会和周围环境发生改变以及个人的经历的突发性变化，也会让个人的价值观发生改变，新的价值观会代替旧的价值观。价值观的变化是引起社会改革的动因，同时也是社会改革的必然结果。价值观决定人的动机和行为，调节和制约个人的需求、动机和愿望等。价值观一旦确立，反过来又影响和调节人进一步的需求活动。价值观能够反映出人的一种基本信念，是人们对真、善、美，好与坏，对与错评判的反映。

知识产权价值观则是指一个人对知识产权制度、资本、法律的总评价和总看法。知识产权价值观的确立能成为人们决定知识产权行为的心理基础，对培育知识产权文化，提高知识产权能力起到良好作用。

（一）知识产权的社会制度

知识的获取是通过后天的学习、实践和不断积累而形成的，大量的知识只能从受教育和勤奋学习中，从书本或他人的传授中吸取。人们获取知识的种类有很多，但总体可归结为两类：一类是与自然界和科学技术相关的知识；另一类是与人类和人类社会相关的知识。自然界和人类社会不断变化与发展，人的实践活动与认识也会随之不断变化与发展。所以，知识不会停留在一个水平上静止不动，而是在不断继承、批判和更新中积累和丰富。知识是改造自然、改造社会以及改造人类自身的重要武器，是社会经济发展的重要资源。为鼓励人们学习并运用知识进行发明创造，鼓励知识创造，知识产权制度便应运而生，它通过为发明、创造者提供受限的垄断权作为刺激因素来鼓励革新。在有限的时间内满足智力成果创造人的利益需求，则会更大地调动其革新创造的积极性，从而产生更多更好的发明创造，推动社会进步。同时，赋予创造人一定期限的垄断权，使其付出有所回报，也符合公平的原则。

（二）知识产权的资本价值

知识产权资本是通过创新转化为知识资产，如专利、工艺、商业秘密、版权和各种设计专有权等。知识管理就是整合知识产权资本、商业资本、人力资本及结构资本，使其协同发展，共同作用。

哲学范畴的价值是指在主客体关系中，客体按照主体的目的，满足主体的需要和对主体的发展具有肯定作用的表现。知识产权资本价值的概念是根据哲学范畴上的价值来定义的，从这个意义而言，知识产权资本的价值就是通过将知识产权中包含的新技术、新方法、新工具、新发明、新工艺、新信息等科技进步与技术发明直接转化为现实生产力，在社会生产领域通过转移和应用达到提高企业生产率之目的，生产出高附加值的新产品，产生知识产权资本的增值，为企业和社会带来更多的经济效益和社会利益。

第一，知识产权资本的市场价值。市场价值在资产评估中是重要的评估指标之一，知识产权资本的市场价值源于资产评估学的市场价值类型。市场价值是在符合公平交易所要求的必要条件的竞争性市场上，在买方和卖方双方都行为谨慎、精明、以自身利益最大化为目标且不受非正常强迫的情况下，经过一段合理的展示期，特定资产权利在特定日期以现金、现金等价物或其他经准确说明的条款表示的最可能的价格。此概念被用于美国各类经济活动中，如诉讼、购销、借贷、税收等。从市场交换的角度而言，知识产权资本的市场价值是在市场机制的作用下，根据市场上知识产权的供需关系，通过知识产权的转让、许可等手段使知识产权的所有权和使用权发生转移，在转移的过程中实现知识产权的价值，包括基本价值和应用价值。基本价值通过知识产权在市场上进行转让产生转让费用而实现，应用价值则是通过知识产权的具体实施应用产生经济效果来实现。

第二，知识产权资本的经济价值。从理财学角度而言，经济价值又叫作内在价值，经济价值中包含时间价值和风险因素，能为未来创造收益，用其所能产生的未来现金流量现值来衡量其价值大小。知识产权经济价值是指知识产权资本能给未来带来的预期现金流入之和的现值总量。企业所拥有的知识产权对企业的现金流产生多方面影响，包括直接影响和间接影响。直接影响是指企业在知识产权购买、创造过程中支出的现金流，以及将自己已拥有的知识产权对外许可、转让、销售等获得的现金流；间接影响是指对产品经营过程中的相关要素所产生的影响，如市场知名度、产品包装和外观、产品或服务的新功能等，在这些竞争要素共同的成功作用下创造了企业现金流。

第三，知识产权资本的社会价值。社会是由经济基础和上层建筑构成的整体，社会价值是指在社会生活和社会活动中，社会对个体存在的一种肯定关系，社会价值通过劳动、创造和贡献来实现。从社会学角度而言，知识产权资本的社会价值是指知识产权能带来社会效益，对社会和他人做出的贡献，如知识产权中蕴含的智力成果给社会带来的安全、文明、伦理道德的进步、人类生活的便利、环境空间的优化与拓展、生活质量的提高等。知识产权资本的社会价值是一种能为知识产权所有者或使用者带来未来收益的现实市场价值。

第四，知识产权资本的战略价值。知识产权资本的战略价值指在企业发展过程中，对企业战略的贡献度。由于不确定因素太多，如市场需求的不稳定、技术研发及转化成功与否、知识的不可储存性和创新效益的溢出效应，故知识产权从创造到保护、运用的每一阶段都存在较大的风险，知识产权产品所能产生的未来收益也具有不确定性。因此，知识产权资本的价值就体现在企业在不确定的环境中，能用知识产权在未来一段时间内从事一定的经济活动，为企业未来获取商业机会，创造巨大现金流和巨大价值，增强核心竞争力、获得更多的发展空间，实现中、长期战略目标。

三、形成知识产权法律信仰

信仰是指对某种宗教或主义极度信服和尊重，并以之为行动的准则。信仰表达人们一种极度信服的稳定心理态度，人们一旦产生信服心理，就很难改变。将信仰的对象置换为法律，就形成了法律信仰的概念。知识产权法律信仰是法律信仰中的一个重要部分，法律信仰就是社会成员信服和尊重法律并把它作为行动准则，对法律产生一种认同感、依归感。是人们对法律的理性、感情、意志等多种心理因素的有机综合，是法律的理性和激情的升华，是人们对公平正义和自由秩序等法律价值的信仰，反映主体对法律的一种主观心理状况。

法律信仰表达的是人们对法律的一种态度和情感。法律与人们日常生活中的权利、自由、义务紧密相连，人们会对法律产生恐惧、满意、敬畏等主观情感。树立知识产权法律信仰，就是要让人们树立正确的知识产权法律态度和情感，做到自觉爱法、护法、守法。培养知识产权法律信仰，对我国法治建设具有重要意义，也是知识产权教育的重要任务之一。

（一） 奠定知识产权法律信仰的基础

培养知识产权法律信仰意味着让人们能够认同、尊崇、自觉遵守知识产权法。人们遵守法律有主动式和被动式两种：①主动式遵守是人们内心信念已接受法律，对法律有一种精神上的皈依；②被动式接受是迫于法律威慑力，这种方式不是真正意义上的守法。真正意义上的守法应该建立在对法律产生信仰的基础上，要想人们真正地主动地遵守法律，必须让人们从内心深处产生一种认同的精神，也就是信仰。当人们信仰法律时，自然认同了法律价值。法律信仰的根基还在于法律自身。如果法律自身蕴含着符合人们内心世界的价值评判的精神真理，就会使人们从内心深处产生共鸣，从而认同它。

知识产权法律信仰的重要因素之一是人的主体性需要。知识产权法律信仰的主体性主要是指人们信仰活动的自动性和内趋性。法律要体现其价值，必须与人们生活相联系，因为人的内在情感需要与人的社会实践活动是统一体，法律信仰表达人们对法律的一种内在心理信念，这种内在心理信念对法律权威的确立具有重要作用。

（二） 形成知识产权法律信仰的注意事项

第一，知识产权法律信仰的对象。知识产权法律信仰的对象是知识产权法律精神，而不仅是知识产权法律文本。法律有内外两种表现形式：一种是以文本表现的法律规则、法律制度；另一种是以内在形式表现的法律精神、法律理念。让人们自觉遵守法律，不能只靠外在强制力，更重要的是要凭法律所体现的内在价值使人们信服，达到自律，将法律内化为道德的过程是建立在价值判断的基础上的，这种内化可以让人们清楚地认识到自己的权利、义务与责任。法律文本与法律规则应当趋近于人们的价值判断，即背后所体现的法律精神与人们的道德判断相一致，人们在这种情况下，即使不熟悉法律文本、不懂法律规则，也能自觉地遵守与服从法律。

第二，知识产权法律信仰与法律知识、法律人并无严格对应关系。法律离开了人们对它的信仰，就会失去依托。法律是否能深入人心，关系到法治社会能否实现。虽然有一定的法律知识作为基础，有助于形成法治观念，但现实生活中法律知识与法律信仰之间并不是成严格的正比关系。法官只有具备坚定的法律信仰，才会毫不动摇地公平判案，实现公平正义。法律信仰对于公民表现的是对法律心悦诚服的认同感和归依感；对于法官表现的是"法律至上"的职业精神。树立法律信仰要求树立法律至上的理念，当权力与法律发生冲突时，以法律为主；当道德、政策规定和法律冲突时，应以法律为主；当法律有明文规定时，不得违背法律规范；当法律无明文规定时，不得违背法理。公民树立了法律信仰就会自觉守法、用法，其信仰的程度决定其法律行为的程度。

第三，知识产权制度是知识产权法律信仰的制度保障。制度能给予人们保障，法治是一种由政府支持的制度系统，制度可以让人们稳当地得到他们所想要的东西。法律制度只是法治的正式制度要素，而以主体自由追求和理性自律精神为内核的公民意识则是法治的非正式制度要素，正是二者的契合，才使具有理性主义精神的现代法治得以呈现内在自觉、动态整合的总体性进程。

第四，知识产权法律信仰的关键是主体与客体的互动。有效树立法律信仰，需要主体与客体的相互作用，在互动的实践中形成，权威的良法与公民的权利意识、守法精神两者缺一不可。法律信仰的培育与形成，需要主体在实践中的真切体验，关键在于公民对法律生活的积极参与和实践过程，是渐进、动态的生成过程，是主体与客体互动的产物。

四、构建知识产权文化

文化是人类社会活动所产生的、影响人的思想与行为的精神现象的总和，文化的形成是一种渐进、潜移默化的过程，具有传播性、排他性、继承性、稳定性、渗透性、演变性等特点。一旦形成某种文化，这种文化就会引导人们思想与行为，成为人的一种精神力量，影响着人的价值取向与行为取向，对人产生潜移默化的作用和长期的影响。

知识产权文化是人们在从事知识产权相关活动中所形成的一种文化现象，是人类在知识产权认知、信念、态度、价值观、行为方式等方面的综合反映。知识产权文化包含观念文化、制度文化与环境文化。观念文化是指人们有关知识产权的思维方式和价值取向，是人们对知识产权的基本知识、认同程度、所持态度的综合反映，观念文化是知识产权工作的思想基础；制度文化是指保障知识产权事业顺利进行的相关知识产权制度，如知识产权法律法规体系、管理体系、政策体系、诉讼制度等；环境文化是指与知识产权事业发生联系的一切外部因素，如政治、科技、经济、政策环境等，这些环境可以促进或阻碍国家、区域、行业、单位的知识产权事业。

知识产权文化的培育关系到我国创新型国家的建设。科技的进步可以推动我国经济社会的发展，自主创新能力的提高可以促进经济结构的调整、经济增长方式的转变、国家竞争力的提高。建设创新型国家是我国面向未来的重大战略选择。国家把自主创新能力作为建设创新型国家的主要任务，知识产权文化的建设和知识产权制度是完成这一任务的重要保障。

在经济、文化和社会发展中，知识产权的作用不断增强，随着创新型国家建设步伐的不断推进，知识产权文化建设刻不容缓，它直接关系到一个国家或地区、单位知识产权事业的方向与发展进程，影响着社会与经济的发展程度。知识产权观念文化体现人们对知识产权的思维方式和价值取向，是知识产权制度发展与创新型国家建设的基础。知识产权创造者、管理者，乃至社会大众有了知识产权观念，就会有基本的知识产权工作思想，知识产权就会得到重视和尊重，为知识产权事业的发展奠定了基础。

知识产权制度文化是创新型国家建设的根本保障，决定知识产权制度和创新制度的整体构成。知识产权制度文化程度高低体现了一个地区对知识产权和科技创新事业的保障与重视程度，反映了该地区知识产权和科技创新相关法律体系、政策体系和管理体系的总体水平。成熟的知识产权制度文化可以引导、保障和激励知识创新与科技创新活动，是有效推动创新型国家建设步伐的重要保障。环境文化是与知识产权相关的政治、科技、经济、政策等外部环境，是建设创新型国家的基本条件。在全社会各行业、各领域中培育良好的知识产权文化环境，对我国创新型国家的建设和知识产权事业的发展起到有效的促进作用。大力加强知识产权文化建设，加强知识产权普及与宣传，进一步完善知识产权制度，加大知识产权执法力度，是我国建设创新型国家的重要基础与根本保障。

培育知识产权文化是创新型国家建设的基础，也是实施知识产权战略的重要保障。国家已经制定知识产权战略，政府、各行各业也基本制定并开始实施知识产权战略，为知识产权事业的发展奠定了良好基础。

第四节 知识产权文化教育的绩效评价

一、知识产权文化教育绩效评价的理论基础

知识产权文化教育在当今社会中具有重要的战略意义，它不仅关系到知识产权的保护和应用，还涉及国家创新能力和文化传承。绩效评价是一个广泛应用于各个领域的管理工具，它旨在衡量一个项目、政策或计划的效果和成果。在知识产权文化教育领域，绩效评价具有以下理论基础。

第一，效益理论。知识产权文化教育应该能够为社会和经济带来实际的效益。因此，绩效评价应关注知识产权文化教育的实际影响，如知识产权的保护水平、创新能力的提高和文化传承的促进等。

第二，教育评价理论。教育评价理论强调对教育过程和结果的评估，包括教学方法、教材质量、学生表现等。在知识产权文化教育中，绩效评价应关注教育内容、方法和效果，以确定是否达到预期的教育目标。

第三，社会文化理论。知识产权文化教育应该与社会文化相适应，有助于传承和弘扬国家的文化遗产。绩效评价可以关注知识产权文化教育对文化传承的贡献和影响。

二、知识产权文化教育绩效评价的方法分类

为了评价知识产权文化教育的绩效，需要建立一套科学的方法体系。绩效评价的方法有以下几种。

第一，定性方法。定性方法主要包括案例研究、深度访谈、文献分析等。通过定性方法，可以深入了解知识产权文化教育的实际情况，发现问题和挖掘潜力。

第二，定量方法。定量方法包括问卷调查、统计分析、实验研究等。通过定量方法，可以收集大量数据，进行统计分析，得出客观的评价结果。

第三，绩效指标体系。建立科学的绩效指标体系是评价知识产权文化教育的关键。绩效指标可以包括知识产权保护水平、教育质量、文化传承效果、创新能力等多个方面。

第四，对比分析。通过与其他地区或国家的知识产权文化教育进行对比分析，可以发现差距和优势，为改进和提升提供参考。

三、知识产权文化教育绩效评价的指标体系

对知识产权文化教育绩效进行评价的基础工作是制定一套系统的、科学的指标体系。影响知识产权教育与文化战略管理绩效的因素是多方面的，既有定量指标，也有大量的定性指标。为使评价结果具有可比性和可操作性，可以在设置指标时进行一些处理：①为使定量指标在不同规模与不同性质高校之间具有可比性，将定量指标转化为相对量；②由于定性指标评价具有很强的非线性和模糊性，为增强其准确性和可操作性，对二级定性指标进行细化，并将二级定性指标评价细分为 2～5 个构成要素。知识产权文化教育绩效评价的指标体系构建如下。

第一，领导知识产权重视度（U_1）。高校领导对知识产权的重视度直接影响到高校知识产权教育效果，可以用两个指标加以评估：①领导知识产权意识（U_{11}），高校领导具备知识产权意识，重视学校知识产权文化教育，就会投入资金创造条件为知识产权教育提供良好平台，在知识产权师资方面，如引进优秀的知识产权人才，培养年轻的知识产权教师等；在教学设施方面，会提供资金加强知识产权教育基础设施的建设，从知识产权教育的各个环节，都会投入资金进行建设，使知识产权教育与文化建设取得理想效果；②领导决策力（U_{12}），领导决策力是领导意图得以实施的重要保证。

第二，学校知识产权教育机构（U_2）。对学校知识产权教育机构用两个指标来加以评估：①专门教学或科研机构（U_{21}），看学校是否设立专门的知识产权研究中心或知识产权教研室等专门机构，这是知识产权教育的基本保障条件；②机构地位（U_{22}），看知识产权文化教育或科研机构在学校的地位如何，看其是否具有一定的影响力，能否得到学校领导的重视。

第三，师资力量（U_3）。对师资力量用四个指标加以评估：①学历程度（U_{31}），指知识产权教师所取得的学历；②专业水平（U_{32}），指知识产权教师的理论水平与业务能力，水平越高，学生学到的就会越多；③理论与实践能力（U_{33}），知识产权是一门实践能力很强的学科，实践能力的训练对知识产权知识的掌握具有重要意义；④知识产权综合知识结构（U_{34}），知识产权是一门综合学科，涉及法学、经济学、管理学、工学等学科，需要具备一定的法学以外的其他学科基础，这样对知识产权的理解才会更全面、更深刻。

第四，教学方法与手段（U_4）。对教学方法与手段设计用四个指标加以评估：①教学课时数（U_{41}），知识产权的教学要达到预期的效果，必须有一定的课时量做保证，应与一般必修课课时相当；②教学设施（U_{42}），与知识产权教学活动相关的基础硬件设施需要配套，这样才会产生更好的教学效果，如网络视频教学、网站建设、模拟法庭等；③创新手

段（U_{43}），教学方式与教学手段不能落于俗套，应紧跟时代步伐不断创新教学方法，提高教学水平；④学生满意度（U_{44}），学生对教学环境、教学水平满意，能够增加他们对知识产权文化学习的兴趣，知识产权文化教育效果也会相应提高。

第五，知识产权科研水平（U_5）。对知识产权科研水平设计用两个指标加以评估：①论文发表水平（U_{51}），知识产权教研机构知识产权研究论文发表的数量和质量，是衡量该机构知识产权研究水平的一个重要指标；②科研成果（U_{52}），知识产权相关研究项目的质量与数量是衡量知识产权研究水平的另一重要指标，项目层次的高低以及成果获奖情况都客观地反映出科研能力和水平。

四、知识产权文化教育绩效评价的展望与挑战

知识产权文化教育的绩效评价在未来具有广阔的发展前景，但也面临一些挑战，主要包括以下几个方面。

第一，完善绩效指标体系。未来需要建立更加科学、全面的绩效指标体系，包括知识产权保护、文化传承、创新能力等多个方面的指标，以更准确地评价知识产权文化教育的绩效。

第二，强化数据支持。绩效评价需要大量的数据支持，未来需要加强数据收集和统计分析的能力，以提高评价的客观性和准确性。

第三，国际合作与经验交流。知识产权文化教育是一个国际性问题，未来需要加强国际合作，与其他国家分享经验和成果，共同应对全球知识产权文化教育的挑战。

第四，推动政策制定。绩效评价的结果应能够为政府决策提供依据，未来需要更好地将评价结果与政策制定相结合，推动知识产权文化教育政策的优化和调整。

总而言之，知识产权文化教育的绩效评价是一个复杂而重要的课题，它关系到知识产权的保护、文化传承和创新发展。通过建立科学的绩效评价方法体系，可以更好地了解知识产权文化教育的实际情况，发现问题和挖掘潜力，为其提升和发展提供有力支持。未来，需要加强绩效评价的理论研究和实际应用，不断完善评价方法和指标体系，促进国际合作和经验交流，推动知识产权文化教育的持续发展。只有通过科学的绩效评价，才能更好地实现知识产权文化教育的战略目标，为社会创新和文化传承注入新的动力。

第六章　知识产权文化教育实践活动研究

第一节　知识产权的文化教育培训活动

一、高校知识产权文化教育培训

高校学生是未来社会建设的主力军，高校是传播科学文化知识的前沿。在教学科研活动中，科学研究、教学实验、论文写作等行为应受到专利法、著作权法、软件保护条例等法律法规的规范。为了维护自身权益，也为了维护社会整体利益，应该将知识产权教育渗透校园各个环节。

（一）知识产权普及教育

高校学生是知识产权的生产者、使用者和管理者，是未来科技力量的主力军，在高校进行知识产权教育意义重大。在高校进行知识产权的普及教育，做到有师资、有计划、有教材，各专业大学生普遍进行知识产权基本理论的教育，可以把《知识产权基本理论》以必修课的方式列入大学公共课。在不具备师资和条件的院校，可以选修课或限选课的方式进行，然后再逐步推广。可以定期开设一些更深入的知识产权法律专题讲座或系列讲座，以提高大学生的知识产权意识。增强知识产权意识是普及知识产权教育的根本目的，要全面推进高校的知识产权普及教育，必须改变原有的高校教育理念。

高校领导要重视知识产权教育，把高校知识产权教育放到高校工作的重要位置。要将其地位提高到如同普及外语、计算机教育一样，纳入正规的教学体系，使其成为每一个学生的必修课，让每个学生在校期间都掌握相应的知识产权知识，让其明白何为知识产权，如何创造知识产权，如何运用知识产权相关知识保护自己和尊重他人的知识产权成果。此外，应成立专门的知识产权教学机构，根据学校专业背景制订相应教学方案，合理设置教学课时和课程。

（二）知识产权专业教育

高校知识产权专业人才的培养层次主要包括以下方面。

1. 知识产权本科生的培养

（1）本科知识产权法学专业，除大学本科公共课程外，知识产权法学专业课程设置分为三类：①自然科学基础，如数学、化学、物理、生物、计算机等；②法学基础，如民法、刑法、宪法与行政法、经济法、国际法等；③知识产权专业课，如专利法、商标法、著作权法、反不正当竞争法、国际知识产权法等。

（2）知识产权双学士学位生的培养，即"4+2"模式，学生已经取得非法学专业（特别是理、工、农、医、林专业）本科学位，再经过两年专业培养，系统学习法学和知识产权知识，系统掌握知识产权法基础理论、基本知识和基本技能，成为能独立从事知识产权法律实务工作的专业人才。

2. 知识产权硕士生的培养

知识产权硕士生的培养可以从法学和非法学专业本科毕业生中招收知识产权法学硕士，再经过2~3年的系统培养，系统掌握法学学科的基本理论、基本知识和知识产权专业知识，成为能够在国家机关、高等院校、企事业单位、科研院所以及中介服务机构从事教学、科研和法律实务的德才兼备的高级人才。

3. 知识产权博士生的培养

知识产权博士生的培养是高校知识产权专业人才培养的最高层次，在已经具备一定的自然科学、法学和知识产权专业知识基础上，再学习知识产权哲学、法学前沿、知识产权前沿等研究型课程，撰写综合性与专业性相结合的博士论文，培养其知识产权科学研究的能力。博士生毕业后，主要从事知识产权教学和研究工作，也有的从事知识产权管理工作，他们是知识产权高级专门人才。

（三）知识产权双创教育

将高校学生的创新、创业教育与知识产权教育相结合，使大学生懂得如何尊重他人知识产权，如何保护自己的知识产权，其创新、创业过程中就会减少抄袭、剽窃他人成果或防止自己的创新、创业成果遭他人抄袭剽窃。从这个意义上说，知识产权教育有助于创新人才培养。

（四）知识产权教育与专业教育融合

将知识产权普及教育融入不同专业教育，即根据不同专业背景来设计教育内容与方法。例如，对于工科学生，重点内容应该是专利保护与利用、软件登记著作权、计算机布图设计等方面的知识，工科的学生进行发明创造，要重点掌握本专业中如何申请专利、如何进行专利信息检索等；对于文科学生，重点内容应该是有关专利管理、商标和著作权等知识；对于艺术专业的学生，重点应该是商标、版权、外观设计知识。根据不同的专业对知识产权知识要求的侧重点不同选择合适的教学内容，根据学生专业背景和知识结构来因材施教，知识产权教育普及效果会更好，以达到提高大学生知识产权意识和发明创造积极性的目的。

（五）知识产权教育与思政素质教育融合

知识产权教育、思想政治教育和素质教育的内容都统一于道德与法律之中，尊重知识产权也是每个社会公民的道德水平高低的标志之一，诚信守法是当前思想政治教育和素质教育的一个重要内容。法律之所以能够成为信仰的对象，是基于法律内在的人文精神和价值理念，其蕴含的公平和正义以及统治阶级的意志，人们的社会生产和社会生活所产生的社会关系，对社会进步和文明发展都具有积极的意义。

素质教育是培养高校学生德、智、体、美、劳全面发展的综合能力，知识产权素质涉及大学生德、智两个方面，自然需要将素质教育与知识产权教育相结合。在课堂学习、校园科技活动、实践素质锻炼的过程中，融入知识产权相关知识，将两者有机结合起来，在提高素质的过程中，知识产权素质也同时得到锻炼和提高，让大学生学会如何尊重他人的知识产权，如何合理使用他人享有知识产权的科技成果进行创新研究，提高大学生的知识产权创造能力与科技创新能力，满足社会对具有知识产权创造能力的高素质的科技人才，以及具有知识产权管理、运用与保护能力的高素质的管理人才的需求。

（六）多学科渗透与实践能力的培养

知识产权是一门复合性和实践性较强的综合学科，在教学过程中应做到：①法律与管理结合。除开设专利、商标、版权、商业秘密等法律课程外，还应特别注重对知识产权的经营与管理，如技术转移、研发管理、知识产权价值评估、知识产权经营策略等。②科技与法律兼容。随着科技发展与时代进步，特别是应注重信息科学、网络技术、生物科技、半导体、数字作品、计算机等产业会产生新的知识产权问题。③理论与实务并重。除了与知识产权相关的课程，还应注重实务及案例，并聘请法官、律师、企业家参与教学。

（七）培养具有国际视野的复合型人才

随着全球经济、社会和科学技术的迅速发展，知识产权发展趋势明显呈现出国际化、专业化和复合化的特点。我国参与国际活动日益频繁，导致知识产权纠纷也与日俱增，政府和企业需要大量的复合型知识产权人才，培养的人才既要懂得知识产权法律知识，又要懂得相关的法律知识，还要懂得某一领域的自然科学知识。由于经济全球化和法律服务全球化，知识产权人才培养也应具有国际视野，了解知识产权国际规则，能够参与解决知识产权国际纠纷等。

二、中小学知识产权文化教育培训

（一）中小学知识产权教育培训的意义

知识经济时代，国际经济、科技、军事、政治等各个领域中都表现出知识产权的重要性，知识产权已经成为一个国家立足于世界民族之林的关键要素。我国知识产权发展取得了一定的成绩，但是由于我国的知识产权制度起步较晚，公众的知识产权意识相对淡薄，与知识产权发达国家还存在着较大差距。因此，对全社会各阶层、各部门全方位、多层次地开展知识产权教育，提高全社会公民知识产权素质，是国家知识产权战略中的一项紧迫任务，特别是中小学生的知识产权教育。从可持续发展的角度而言，他们是祖国未来的建设者，对他们进行知识产权启蒙教育，是在全社会树立知识产权意识的关键，为我国公民素质的提高、社会的进步、经济的发展奠定坚实的基础。中小学生这个特殊社会群体的知识产权普及教育，对于营造全社会良好的知识产权文化氛围有着不可低估的作用。

（二）中小学知识产权文化教育培训的内容

1. 知识产权的权利属性

对青少年进行知识产权普及教育，应从基本概念入手，知识产权是人们对自己创造性的智力劳动成果所享有的民事权利，包括专利权、商标权、著作权、商业秘密等。其中，专利权与商标权是需要通过申请，经行政主管部门审查批准才产生的民事权利。著作权与商业秘密专有权，则是从有关创作活动完成时起，就依法自动产生了。知识产权是一种私有权，权利人享有独占权，非经许可，不得擅自使用。从知识产权最基本的知识开始，培养他们的知识产权意识。

中小学生应掌握知识产权的主体与客体、权利与义务关系。知识产权的主体，包括发明人、专利权人、注册商标所有人、作家、艺术家、表演者等，是知识产权的权利人。知识产权的客体，包括新的技术方案、商标标识、文字著作、音乐、美术作品、计算机软件等，是知识产权法保护的对象。中小学生应当了解商标法、著作权法、专利法、相关国际条约等基本法律法规。

2. 知识产权侵权的危害性

可通过生动具体的实例，形象生动地说明侵权的后果：一方面是给权利人造成了侵害；另一方面自己也要受到法律的制裁。

3. 知识产权的保护方法

中小学应结合学生的学习和生活介绍相关侵权行为的表现，让学生了解知识产权保护方法。对于享有专利的发明，要求具有"首创性"。如果甲申请专利在先，而同样发明的乙申请在后，则即使乙从来没有接触过甲的开发过程，完全是自己独立创造的发明，他也不可能再取得专利了，这就是专利法中的"新颖性"与"先申请"原则的要求。因此，一旦产生新技术、有了新发明，应及时申请专利，以免别人利用"先申请"原则抢占了本属于自己的专利。

4. 国际意识的培养

随着世界经济一体化时代的到来，知识产权国际竞争的趋势日趋明显，中小学生还应放眼世界，培养其国际意识。世界贸易组织的各项协议调整的内容涉及商品贸易、服务贸易与知识产权保护，都与知识产权问题有关。世贸组织要求它的成员必须保护版权、发明专利、地理标记、商标、外观设计、商业秘密、半导体集成电路设计等知识产权。

5. 自主创新意识的培养

中小学生既要尊重他人知识产权，也要维护自身知识产权。要鼓励学生积极开发智力成果，培养自主创新意识，通过一些宣传和创新实践活动来培养中小学生自主创新意识。

(三) 中小学生知识产权文化教育培训的方式

1. 与素质教育结合

素质教育是为了使受教育者综合能力得到提升。中小学素质教育属于基础教育，培养其德、智、体、美、劳等方面的能力，并为其继续接受高等教育奠定基础、创造条件。知识经济环境下，当代公民必须具备一定的知识产权素质，这样才会有利于国家发展。国家对中小学知识产权普及教育的目标就是让中小学生初步了解知识产权、熟悉一定的知识产权规范、具备基本的知识产权意识。知识产权素质是现代人必须具备的一种素质，它是人综合素质的一个重要组成部分，所以，要把它融进素质教育，培养中小学生树立牢固的知识产权意识，具备基本的知识产权素质，为今后发展奠定坚实基础。

2. 与创新教育并举

创新是一个国家和民族进步的灵魂，决定着一个国家和民族的综合实力和竞争力。创新是一种不安现状、力图革新、不畏艰辛、敢为人先、勇攀高峰的精神。从心理学的角度而言，每个人都有创新欲望，都具备创新潜能，但关键是如何激发人的创新潜能并使其付出行动。因此，在知识产权普及教育过程中，要将知识产权法律知识的传授与创新能力的培养相结合，通过知识产权法律知识的教育提高学生权利意识，学会利用法律制度保护自己的合法权益，同时通过创新教育，激发学生创新潜能，开发学生创新能力，让学生的知识产权法律知识和创新能力同步提高，成为未来有较强竞争力的创新人才，为祖国建设做贡献。

3. 与课程设置融合

近年来，国家为了加强素质教育，采取许多措施来减轻学生负担。中小学的知识产权教育作为素质教育的一部分，是一种知识启蒙教育，应以培养学生基本的知识产权意识为目的。知识产权教育应从小学四年级开始直到高中，并将知识产权内容作为中考和高考的考核内容，在中小学的《社会》或《思想品德》课程中融入知识产权教育内容。

4. 学校教育与社会教育结合

目前，部分中小学知识产权师资和教学条件达不到知识产权普及教育的需要，所以要借助社会力量，可借助知识产权局、工商局等政府职能部门官员，大专院校教授学者，法院、专利及律师事务所实务界专家作为学校兼职人员进行定期的知识产权教育和辅导活动。学校还可以举办一些大型活动为载体进行宣传与教育，如每年的"4·26世界知识产权日"；如由教育部、中国科协联合组织实施的"明天小小科学家"奖励活动，以"开创明天新科技"等为主题，涉及物理学、动植物学、数学、地球与空间科学、生命科学、信息技术、微生物学、化学、环境科学、工程学等学科方面的作品，对一些优秀的青少年创新项目以及他们所在的学校和青少年科技馆进行奖励与表彰，将社会活动与知识产权教育相结合，取得良好的教育效果，是学校教育与社会教育的有力例证。

三、行政管理人员知识产权文化教育培训

1. 行政管理人员知识产权文化教育培训的内容

行政管理人员知识产权文化教育培训的内容主要包括以下几个方面。

（1）国家知识产权培训机构和高校应针对知识产权行政管理开展我国行政管理人员的专题培训。在依法行政的要求下，要突出法律、制度管理的内容，有利于行政管理人员提高依法行政水平和建立制度文化的理念。

（2）我国知识产权行政管理部门应根据管理工作的实际需要，从知识产权"二学位"和研究生中招聘公务员，并定期组织他们进行知识产权教育与文化建设专题培训。

（3）建议中央党校、国家行政学院和各省（区、市）党校和行政学院，联合有关高校和培训基地，开设知识产权教育与文化建设专题课程和讲座，让知识产权教育与文化建设的内容进教材、进课堂、进领导干部的头脑。

（4）实行政企、政校联合培养模式。政府发挥其主导作用，聘请知识产权实务界专家对企业进行集中培训或轮训，采取课堂讲授、案例讨论、观摩录像带等方法，传授知识产权基本知识，达到培养企业知识产权意识、树立知识产权文化、提高企业知识产权能力的目的。

2. 行政管理人员知识产权文化教育培训的常用途径

行政管理人员知识产权文化教育培训的常用途径包括：①建立知识产权的公共信息资源网站，免费向公众、企业开放，如在政府网站可以开辟知识产权专栏，充分利用好各级知识产权局门户网站进行宣传、教育；②利用电视、网络、广播、电台、报纸、杂志等大众传媒进行普及宣传，面向企业开展一些竞赛活动，通过知识产权知识竞赛、科技创新大赛、产品设计大赛、专利发明大赛等形式，让企业积极组织参与，在参与的实践过程中提高企业知识产权能力，对表现突出的企业或个人予以表彰和重奖；③在企业之间开展知识产权交流联谊活动，相互学习，在学习中互相提高，在沟通中进步；④树立知识产权的先进典型，以榜样的力量唤起企业员工的知识产权意识，用物质和精神激励他们提高知识产权能力。

四、科技人员知识产权文化教育培训

我国科技人员也称为科技工作者，泛指掌握科学技术知识，从事科学技术工作的自然人。在科技不发达的中世纪以前，技术的发明、占有和使用是浑然一体的，即拥有技术专长的工匠集体力劳动和脑力劳动于一体，技术融合在操作过程之中。只有当近代科学技术发展到一定的阶段和水平，技术的开发与使用出现分离，脑力劳动和体力劳动出现分离，即技术的发明者、占有者与使用者出现分离，才产生了独立从事科技研发和发明创造的部门和个人。

根据科技领域分类，科技人员一般分为自然科学研究人员和社会科学研究人员两部分。自然科学研究人员包括从事数、理、化、天、地、生等基础科学的研究人员，也包括理、工、农、医、林等工程技术研究人员；社会科学研究人员包括哲学、经济学、法学、政治学、文学、艺术学等方面的理论研究和应用研究人员，也包括新闻媒体、影视作品制作、动漫游戏、网络数字传播技术等方面的专业应用人才。

根据专业职务的角度分类，科技人员可分为科学家、工程师等，又可分为专家学者、高校教师、医务人员等。根据社会分工的角度分类，科技人员可分为科学研究和技术研发人员，也可分为科技教育、科技管理或科技服务的专业人员，他们广泛分布在高校、科研院所、企业、农业、行政管理部门等领域。

当今世界正处于由工业经济向知识经济转变的过程中，这场变革的重要标志就是社会赖以发展的战略资源从物质资源转化为人力资源。人力资源主要表现为人的知识、技能、经验和创新能力，在知识经济时代，更突出地表现为知识产权创造、运用、保护和管理的能力。因此，科技人员的规模、素质和知识产权能力就成为一个国家的核心竞争力，也是一个国家经济和社会发展的决定性力量。"一个国家的外部崛起是其内部力量的外在表现。"[①] 世界各国综合国力的竞争，其实质就是人才素质和人才质量的竞争。

知识产权在现代社会中具有巨大的重要性，然而，由于知识产权领域的复杂性，许多科技人员缺乏必要的知识产权文化，这可能导致他们在创新、合作和科研成果的保护方面面临风险。因此，将知识产权文化教育培训与活动相结合成为一种有益的方法。

（一）科技人员知识产权文化教育培训的理论

科技人员知识产权文化教育培训结合活动的实施需要建立在坚实的理论基础之上，主要包括以下几个方面。

第一，知识产权法律理论。科技人员需要了解知识产权法律的基本原理和要求，以便在其科研活动中遵守法律规定。知识产权法律理论提供了法律框架和法律原则的理论基础。

第二，创新理论。创新是科研活动的核心，而知识产权是保护创新成果的重要手段。科技人员需要理解创新的过程和价值，以更好地利用知识产权来保护和推广他们的科研成果。

第三，知识分享理论。知识分享是科技人员的日常工作之一，而知识产权问题可能会影响知识分享的方式和程度。科技人员需要了解知识分享的理论和实践，以更好地应对知识产权相关的挑战。

---

① 刘淑华. 中国特色知识产权强国理论研究［J］. 首都师范大学学报（社会科学版），2018（2）：85.

(二) 科技人员知识产权文化教育培训的实践

将知识产权文化教育培训与活动相结合需要在实践中积极推广，科技人员知识产权文化教育培训的实践主要包括以下方面。

第一，知识产权培训课程。设计知识产权培训课程，包括知识产权基础、案例分析和法律法规等内容，这些课程可以由专业的知识产权律师或教育机构提供，同时可以加入一些案例研究和角色扮演等互动活动，以增强学员的参与感。

第二，活动组织。组织与知识产权相关的活动，如研讨会、讲座、竞赛等，这些活动可以提供实际案例分析和讨论的机会，帮助科技人员更深入地理解知识产权的应用。

第三，知识分享平台。建立知识分享平台，使科技人员可以交流和分享他们的科研成果。同时，需要提供有关知识产权的指导，以确保知识分享的合法性。

(三) 科技人员知识产权文化教育培训的展望

科技人员知识产权文化教育培训的展望主要有：①技术进步，随着技术的不断发展，知识产权相关问题将变得更加复杂，特别是在数字化环境下，科技人员需要不断更新知识产权培训和活动，以适应新的技术和挑战；②国际化，科研往往涉及跨国合作，而不同国家和地区的知识产权法律和政策存在差异，知识产权文化教育培训需要考虑国际化的因素，帮助科技人员更好地理解国际知识产权体系。

总而言之，将知识产权文化教育培训与活动相结合是一种有效的方法，可以帮助科技人员更好地理解、尊重和应用知识产权，这种综合方法不仅有助于提高科技人员的知识产权能力，还可以促进创新和知识分享。未来，人们需要不断改进和完善这一方法，以更好地应对知识经济时代的挑战，为科技人员提供必要的知识产权文化教育，促进科研成果的保护和应用。只有通过科技人员知识产权文化教育培训结合活动，人们才能更好地保护知识产权，推动科技创新和社会进步。

第二节　知识产权文化教育的宣传普及活动

一、知识产权文化教育的以"点"宣传与普及

知识产权文化教育的以"点"宣传是针对特定群体，采取有较强针对性的宣传普及措

施，主要包括以下几种。

第一，对行政管理部门。可以采用文件、专访、内部通报形式，让领导增强对知识产权的认识，了解最新知识产权动态，使领导主动重视知识产权工作，促进知识产权相关工作质量得到提升。

第二，对企事业单位。可采用各种知识产权知识与技能竞赛、经验交流报道等形式，以科技特派员、专利特派员、知识产权特派员以及法律顾问的形式到企业开展知识产权咨询辅导活动，增强企业知识产权意识，提高企业知识产权能力。

第三，对新闻媒体。通过广播电视、报纸杂志、图书出版、采访、报道、出版（包括网络作品创作和电视剧制作）等形式来提高新闻媒体对知识产权报道的传播水平，提高传播质量和数量，加强新闻媒体的导向性。

第四，对青少年学生。在不同范围不同地区针对不同年龄段的青少年开展知识产权宣传普及，如对大学生开展"青春与知识产权同行"活动；让中学生参加各种科技竞赛，进行知识产权案例模拟实践，旁听知识产权司法审判等活动提高知识产权法律意识；对小学生可以组织参观科技展览，观看有关知识产权的动漫游戏和影视节目，增强知识产权感性认识。

二、知识产权文化教育的以"面"宣传与普及

知识产权文化教育的以"面"宣传是指面向整个社会全体成员，不分层次和对象，具有普适性，主要包括以下几种。

第一，媒体宣传。充分利用报刊、电视、广播、网络等传媒进行新闻宣传和普及，利用文艺表演、电视公益广告、网络传播等多种形式制作形式生动、能引起人们兴趣的知识产权节目或栏目，广泛宣传知识产权文化，增强社会公众对知识产权的吸引力和影响力。

第二，宣传作品。将各种书籍、画册、户外灯柱广告、彩球彩旗、手册、挂图等资料发放到社会，使公众能够得到所关注和需要的宣传作品。

第三，物质和精神奖励。通过设立各种奖项，如"自然科学奖""发明奖""科技进步奖""企业科技创新奖""青少年科技竞赛奖"以及各种文化奖和艺术奖等奖项，通过奖励来激励整个社会形成促进创新的氛围，帮助青少年树立正确的知识产权价值观。

第四，纪念日。利用 4 月 1 日"中国专利法实施日"、4 月 26 日"世界知识产权日"等进行集中宣传报道，起到普及的效果。还可另外新设一些与知识产权教育与文化建设相关的主题纪念日，如"中国发明日""中国品牌日"等，通过这些纪念活动，使社会公众认识到知识产权的重要性。

第五，竞赛活动。通过定期或不定期的科技创新、制作小发明等竞赛来激发全社会参与创新的兴趣和热情，培育良好的知识产权文化氛围。

第三节　知识产权文化教育的重大专项综合保障

知识产权文化教育的重大专项综合保障主要包括以下方面。

第一，政府支持与政策框架。政府的支持是知识产权文化教育的重要保障之一。政府可以通过制定相关政策和法规，为知识产权文化教育提供法律保障和政策支持。政府还可以提供财政资金和资源，以支持知识产权文化教育的开展。此外，政府还可以与教育机构、产业界和社会各方合作，共同推动知识产权文化教育的发展。

第二，教育机构的积极参与。教育机构在知识产权文化教育中发挥着关键作用。教育机构应该将知识产权教育纳入教育体系的各个层面，包括中小学、职业教育和高等教育。它们可以采用多样化的教育方法，包括课堂教学、在线课程、研讨会和工作坊等，以满足不同年龄和不同背景学生的需求。教育机构还可以与产业界合作，提供实际经验和实习机会，帮助学生将知识产权知识应用到实际工作中。

第三，产业界的支持与合作。产业界对知识产权文化教育的支持和合作也至关重要。产业界可以提供实际案例和经验，帮助学生更好地理解知识产权的应用和重要性。他们还可以为学生提供实习和职业机会，让他们在实际工作中应用知识产权知识。

第四，社会各方的共同努力。除政府、教育机构和产业界外，社会各方的共同努力也是知识产权文化教育的重要保障。知识产权文化教育需要社会各方的支持和参与，包括非政府组织、文化机构、媒体等。他们可以举办知识产权宣传活动、讲座和研讨会，提高社会对知识产权的认识和尊重程度。此外，社会各方还可以为知识产权文化教育提供资源和支持，推动其发展。

第五，资源投入与评估机制。知识产权文化教育需要充足的资源投入，包括财政资金、人力资源和教育设施。政府、教育机构和产业界需要合作，确保知识产权文化教育的资源充足。与此同时，建立有效的评估机制以确保知识产权文化教育的质量和效果也是重要的。评估可以帮助改进教育内容和方法，使知识产权文化教育更加有效。

知识产权文化教育不仅是培养创新人才和推动经济发展的关键，也是维护公平竞争和知识共享的基石，对于建设知识型经济社会具有深远的影响。因此，人们有责任为知识产权文化教育提供充分的综合保障，确保其在未来发挥更大的作用。只有通过共同努力，才能更好地应对知识产权领域的挑战，促进创新、文化发展和社会进步。

第四节　基于创新创业的知识产权文化素养教育

一、知识产权文化素养教育与创新创业的关系

创新创业在当今全球经济中占据着举足轻重的地位。在这个信息时代，知识和技术的快速发展使得创新成为推动社会发展的重要引擎。然而，创新的过程常常伴随着知识产权的产生和管理，这使得知识产权在创新创业中变得愈加重要。因此，培养具备知识产权文化素养的创新创业人才成为当今教育体系中的一项迫切任务。知识产权文化素养是指个体或组织具备对知识产权的基本认识、理解和尊重，能够在创新和创业活动中正确使用和保护知识产权的能力，这一素养的培养有助于创新创业人才更好地应对知识产权相关的法律法规、管理实践和伦理道德等方面的挑战。

"在知识经济时代，大学生创新创业注重科技创新、知识创新等高层次的创新创业活动，知识产权是高层次创新活动的有力支撑。"① 知识产权文化素养是大学生创新创业的必要条件，知识产权素养教育能够更好地激发创新创业意识，完善创新创业知识结构，保护创新创业的知识成果，规避创新创业过程中的法律风险，妥善解决纠纷。因此，在大学生创新创业能力培养中融入知识产权素养教育十分必要。

（一）知识产权文化素养教育能够激发创新创业意识

创新创业要明确何为创新，而知识产权知识信息中包含了不同知识成果的新颖性和技术创新点，汇聚了创新脉络过程和前沿的创新成果。通过知识产权素养教育能够明确为大学生指出创新的关键点，能够启发大学生知识创新的意识，激发大学生创新的内驱力，从而引导大学生将专业知识和技术与知识产权相结合进行发明创造，实现自主创新。此外，知识产权鼓励创新、保护创新，知识产权素养教育可以帮助大学生了解知识产权相关市场机会和商业利益，从而引导大学生在创新创业中更加注重保护和利用知识产权。知识产权文化素养教育营造尊重知识产权、尊重知识创新的环境氛围，使大学生切实体会知识产权的专有性、排他性和创新性带来的经济价值和战略价值，激发大学生创新创业的热情。

---

① 张媛，王智琦，孔哲，等. 创新创业背景下大学生知识产权素养教育策略研究 [J]. 科技风，2023（18）：52.

（二）知识产权文化素养教育能够完善创新创业知识结构

大学生创新创业需要跨学科知识的综合利用能力，知识产权作为跨学科复合型知识是大学生创新创业的重要部分，知识产权文化素养教育能够完善大学生创新创业知识结构。首先，大学生进行高层次创新创业活动中需要积累大量的知识产权知识，包括专利、商标、著作权等，通过梳理知识产权中包含的技术信息、创新点，明确自身的创新优势，通过技术发展脉络寻找创新创业发展方向，掌握核心技术是大学生可持续创新创业的核心；其次，知识产权中包含运营、管理知识，可以帮助大学生更好地管理自己的知识产权，挖掘市场发展前景、商业价值和市场竞争优势，大学生了解知识产权的许可、转让、融资技巧后制定合理的知识产权管理策略，就能在创新创业中实现其经济价值；最后，大学生学习知识产权相关知识时还要掌握知识产权法律状态、法律法规等，避免产生知识产权纠纷，预防法律风险，保护自己的知识产权和商业利益。

（三）知识产权文化素养教育能够提高创新创业能力

创新创业能力取决于大学生的综合素质，知识产权贯穿大学生创新创业过程的始终，大学生创新创业活动的成功与否在一定程度上取决于知识产权素养的高低。大学生从知识产权的检索、分析到完成知识产权申请是将创新意识转变为创新实践的第一步，再通过知识产权运营、管理、转让、融资、分权等，实现知识成果的保护与转化，实现创业价值。知识产权整个过程体现了大学生创新创业能力的提升，最终提高创业的成功率。

（四）知识产权文化素养教育能够提升创新创业层次

大众创业、万众创新有多种形式，大学生具备高水平专业知识和创新素质，应利用自身优势参与科技创新和知识创新等高层次的创新创业活动，响应国家科技创新引领高质量发展的战略，为社会创造更大价值。大学生接受知识产权文化素养教育能够拓宽知识面并开阔创新视野，有助于大学生在选择创新创业方向时趋向知识科技相关的高层次活动，引导大学生通过知识创新实现经济价值。

（五）知识产权文化素养教育能够保护创新创业成果

知识产权文化素养教育能够让大学生了解知识产权的申请、转让、许可和保护，进而使大学生明白保护知识成果、转化知识成果的重要性，防止知识成果在没有知识产权保护的情况下投入市场，丧失市场竞争的主动权。大学生在创新创业过程中会遇到各种潜在的与知识产权相关的风险，如果在创新创业过程中因缺少知识产权检索的经验，自己研发的知识成果就可能与他人的成果雷同，使知识成果丧失了新颖性和创新性，创新创业也就结束在萌芽阶段。一些大学生缺乏对知识产权申请的了解，有了创新成果急于发表论文或者参加竞赛导致知识成果太早公开，无法通过法律的途径保护自己的知识成果。

二、基于创新创业的知识产权文化素养教育策略

我国大学生创新创业活动由高数量向高质量发展，知识产权文化素养是影响创新创业成败的关键因素之一，而且随着创新活动的深入，知识产权文化素养的地位越来越重要。基于创新创业的知识产权文化素养教育策略主要包括以下方面。

（一）明确创新创业的知识产权文化素养教育定位

在以创新为驱动的社会中，知识产权制度不仅能够保护创新、激发人们的创新热情，还能够保护人们的创新成果，因此知识产权能力也是社会竞争中重要的能力之一，具备知识产权文化素养的人是社会发展急需的人才。各高校应以社会的创新创业需求为导向，加强创新创业中大学生知识产权素养的培养，增加知识产权教育的投入，凸显知识产权素养教育的重要地位。

首先，将知识产权知识和知识产权能力视作创新创业能力的重要组成部分，以培养具有知识产权知识和知识产权能力的综合素质人才为知识产权文化素养教育的目标定位；其次，各高校遵循创新创业教育规律，将知识产权文化素养教育融入创新创业教育的合理逻辑中，以创新创业的过程安排知识产权素养教育；最后，高校应组织学校相关部门协同合作，如图书馆、本科生院、大学生创新创业指导中心、成果转移转化中心，发挥各自优势，利用资源，共同参与到知识产权文化素养教育中。

（二）完善基于创新创业的知识产权课程内容建设

知识产权文化素养是大学生创新创业中必不可少的学习内容，知识产权文化素养教育应按照创新创业的不同阶段，安排知识产权文化素养教育内容。在创新创业初期以培养学生知识产权意识为主，在校园内营造浓厚的知识产权氛围，通过讲座、活动、路演、授课等形式开展知识产权普及教育；在创新创业中期以提升学生知识产权能力为主，加强知识产权分析、申请、运用、布局等内容，提升大学生知识产权实操能力；在创新创业后期，加强知识产权保护、运营、融资方面内容，帮助大学生在创新创业中走得更远。针对不同专业的学生也应安排有针对性的知识产权教育内容，使知识产权知识能够与本专业更好融

合，如理工科加强专利的检索、撰写、布局等知识内容；艺术类学生加强著作权、商标等知识学习；社科类学生加强著作权、知识产权法律的学习；经济管理类学生加强知识产权运营、融资等的学习。

（三）注重理论教学与实践教学相结合的教学方式

创新创业中的知识产权文化素养培养注重理论普及教育与实践教育相结合的方式更符合创新创业学生的需求。知识产权理论普及教育应注重创新多元化的教学方式和先进的教学设备相结合，以增强学生的上课体验和教学效果。知识产权理论教学会涉及较多法理知识，为了使课堂生动有趣，调动学生的学习兴趣，可以利用智慧教室、多功能教室等向学生演示案例，推演理论知识。为了加强学生在课堂上的专注度，可以利用线上教学软件增加学生互动环节或者采用翻转课堂的形式，加深学生对知识的理解和运用。知识产权文化素养教育中的实践环节也是需要加强的，不仅要在课堂中加入上机检索、模拟撰写交底书等训练，还要将竞赛、企业专利部门的实践活动引入知识产权文化素养教育，让学生在实际操作中运用知识产权知识，将理论学习转化为实际动手操作能力。

（四）吸收多学科背景的教师组建专业师资团队

师资力量的投入是知识产权素养教育的保障。知识产权涉及多个学科的知识，吸收多学科的教师组建教学团队，针对知识产权不同内容进行讲解，有利于知识产权文化素养教育的教学效果提升，如吸收图书馆的教师讲解专利检索，理工科教师或者有专利代理资格的教师讲解技术交底书的撰写，法学专业的教师讲解知识产权法理、案例等，能够发挥各位教师的专长，知识产权素养课程的水平也会随之提升。当然，创新创业最重要的是社会效益，学生也会走向社会，因此，吸收校外知识产权专家参与创新创业学生的知识产权素养教育也是不可缺少的途径，如邀请专家进校开展知识产权热点讲座，还可以邀请知识产权专家指导创新创业学生的知识产权实际操作。另外，创新创业的大学生还可以到企业的知识产权部门实习，参与企业知识产权工作，在实际工作中提高知识产权能力，为以后步入社会奠定良好的基础。

参考文献

[1] 张媛, 王智琦, 孔哲, 等. 创新创业背景下大学生知识产权素养教育策略研究 [J]. 科技风, 2023 (18): 52.

[2] 刘淑华. 中国特色知识产权强国理论研究 [J]. 首都师范大学学报 (社会科学版), 2018 (2): 85.

[3] 王洪友. 知识产权理论与实务 [M]. 北京: 知识产权出版社, 2016.

[4] 蒋言斌. 知识产权: 原理规则与案例 [M]. 长沙: 中南大学出版社, 2016.

[5] 吕如婷, 马冬, 张义忠, 等. 加快构建新业态知识产权保护生态 [J]. 中国工业和信息化, 2020 (12): 16.

[6] 刘鑫. 新业态知识产权保护法律问题的阐释与纾解 [J]. 中国市场监管研究, 2021, (10): 31-35.

[7] 陈巧玉. 新业态中知识产权保护问题与对策研究 [J]. 法制与经济, 2020 (7): 8-9, 13.

[8] 武伟, 宁峻涛. 新业态知识产权保护问题初探 [J]. 科技促进发展, 2017, 13 (12): 1006-1010.

[9] 戚建刚, 张晓旋. 论新发展格局与知识产权新发展思路 [J]. 中国高校社会科学, 2022 (3): 117.

[10] 胡允银, 黄庆阳. 知识产权伦理治理的主体、构架与行动 [J]. 湖北第二师范学院学报, 2022, 39 (7): 66.

[11] 李伟民. 知识产权行政执法与司法裁判衔接机制研究 [J]. 中国应用法学, 2021 (2): 103.

[12] 钟文渊. 商标权善意取得的法理基础与构成要件 [J]. 中华商标, 2022 (2): 70.

[13] 窦祥铭, 杜磊. 新时期我国商标权保护若干问题探讨 [J]. 通化师范学院学报, 2019, 40 (1): 115.

[14] 孙国瑞, 董朝燕. 论商标权人的商标使用义务 [J]. 电子知识产权, 2020 (4): 4-16.

[15] 张小艳. 论我国商标权刑法保护的完善 [J]. 法制与社会, 2019 (18): 64-65.

［16］刘辉. 跨境电子商务中的知识产权问题研究［J］. 法制博览，2019（8）：202.

［17］宋建立. 著作权刑事保护趋势与实践思考［J］. 中国应用法学，2023（4）：140.

［18］易继明，韩萍. 著作权法公共领域的司法适用［J］. 陕西师范大学学报（哲学社会科学版），2022，51（5）：109-123.

［19］李芳. 企业技术创新与知识产权管理［J］. 中小企业管理与科技（下旬刊），2021（7）：61.

［20］东芳. 企业知识产权管理工作浅析及探索［J］. 混凝土世界，2022（11）：84-86.

［21］杨雅冉. 加强科研机构知识产权管理工作的思考［J］. 中国管理信息化，2022，25（16）：113-115.

［22］张宝友，吕旭芬，杨玉香，等. 质量基础设施、知识产权保护与企业技术创新［J］. 产经评论，2022，13（4）：68-82.

［23］滕启治，董晶，姚海琴，等. 科研机构知识产权工作高质量发展的思考［J］. 高科技与产业化，2022，28（4）：56-59.

［24］邓恒，葛畅，刘爽，等. 高校知识产权管理规范体系构建与进路研究［J］. 中国高校科技，2022（4）：89-96.

［25］汪张林. 知识产权教育发展探析［J］. 科技创业月刊，2021，34（12）：111.

［26］何承斌. 知识产权法"课程思政"教学改革的困境与出路［J］. 牡丹江大学学报，2021，30（12）：119-124.

［27］胡神松，魏芳. 我国知识产权教育与文化战略研究［M］. 广州：世界图书广东出版公司，2014.

［28］郭文君. 高校知识产权信息服务工作队伍建设研究［J］. 才智，2023（27）：124-126.

［29］程惠芳，刘卓然，洪晨翔，等. 科技创新投入、知识产权保护与经济高质量发展［J］. 浙江社会科学，2023（9）：22-30+157.

［30］曹振. 知识产权行政裁决的实践困境与路径优化［J］. 行政与法，2023（8）：115-128.

［31］郭琦. 论知识产权管理研究的优化路径［J］. 传承，2023（2）：95-101.

［32］白静. 加强知识产权建设 夯实自主创新根基［J］. 中国科技产业，2022（5）：32-35.

［33］陆慧斌. 开放式创新视域下企业知识产权管理探究［J］. 全国流通经济，2022（18）：56-59.

［34］朱文玉，张守成. 大学生创新创业知识产权教育体系探究［J］. 黑龙江教师发展学

院学报，2022，41（10）：1-5.

[35] 王北一，颜钰婷，梁俊铭，等. 论述新时代下大学生知识产权成果现状及保护路径［J］. 内江科技，2022，43（9）：120-121.

[36] 黄美华. 强化知识产权保护激发创新创业活力［J］. 福建市场监督管理，2022（9）：32.

[37] 朱文玉，李想. 大数据知识产权保护路径探析［J］. 湖北经济学院学报（人文社会科学版），2022，19（9）：85-90.

[38] 黄骥，靳文婷. 完善数字经济知识产权法治的意义、取向与路径［J］. 中国市场监管研究，2022（9）：25-29.